拿什么约束班主任

《"四特"教育系列丛书》编委会 编著

吉林出版集团股份有限公司
全国百佳图书出版单位

图书在版编目（CIP）数据

拿什么约束班主任／《"四特"教育系列丛书》编委会编著 . —长春：吉林出版集团股份有限公司，2012.4
（"四特"教育系列丛书／庄文中等主编 . 班主任治班之道）
ISBN 978-7-5463-8787-1

I . ①拿… Ⅱ . ①四… Ⅲ . ①中小学－班主任工作
Ⅳ . ① G635.16

中国版本图书馆 CIP 数据核字（2012）第 043947 号

拿什么约束班主任

NA SHENME YUESHU BANZHUREN

出 版 人	吴 强	
责任编辑	朱子玉　杨　帆	
开　　本	690mm×960mm　1/16	
字　　数	250 千字	
印　　张	13	
版　　次	2012 年 4 月第 1 版	
印　　次	2023 年 2 月第 3 次印刷	
出　　版	吉林出版集团股份有限公司	
发　　行	吉林音像出版社有限责任公司	
地　　址	长春市南关区福祉大路 5788 号	
电　　话	0431-81629667	
印　　刷	三河市燕春印务有限公司	

ISBN 978-7-5463-8787-1　　　　定价：39.80 元

前　言

　　学校教育是个人一生中所受教育最重要的组成部分,个人在学校里接受计划性的指导,系统地学习文化知识、社会规范、道德准则和价值观念。学校教育从某种意义上讲,决定着个人社会化的水平和性质,是个体社会化的重要基地。知识经济时代要求社会尊师重教,学校教育越来越受重视,在社会中起到举足轻重的作用。

　　"四特教育系列丛书"以"特定对象、特别对待、特殊方法、特例分析"为宗旨,立足学校教育与管理,理论结合实践,集多位教育界专家、学者以及一线校长、老师们的教育成果与经验于一体,围绕困扰学校、领导、教师、学生的教育难题,集思广益,多方借鉴,力求全面彻底解决。

　　本辑为"四特教育系列丛书"之《班主任治班之道》。班主任是教师队伍的重要组成部分,是班级工作的组织者、班集体建设的指导者、学生健康成长的引领者,是思想道德教育的骨干,是沟通家长和社区的桥梁,是实施素质教育的重要力量。班主任工作是学校教育中极其重要的育人工作,既是一门科学,也是一门艺术。班主任工作既包括日常的教学管理,也包括班级文化建设。

　　本辑共20分册,具体内容如下:

　　1.《管好班干部》

　　班干部是班集体的核心,也是班级的"火车头",这个"头"带的好不好,马力足不足,直接影响到整个班级的运转。有了优秀的班干部队伍,班级各项工作就会顺利开展,班级面貌就会生机勃勃;反之,班级就是一盘散沙,集体就会涣散无力。因此,如何培养一支素质高、能力强的班干部队伍,显得尤为重要。本书对班主任如何管理好班干部进行了系统而深入的分析和探讨,并提出了解决这一问题的新思路、可供实际操作的新方案,内容翔实,教案丰富,对中小学班主任颇有启发意义。

　　2.《带班的技巧》

　　本书讲述的常见问题与解决策略,绝大多数来自新时期一线班主任的教育实践,因此,其实用性和可操作性是不言而喻的。同时.本书又不拘泥于就"问题"论"问题",而是透过现象看本质,善于引导新班主任们看到问题背后更深层次的东西,从而看得更远、想得更深、悟得更多。

　　3.《全能班主任》

　　优秀的班主任是如何炼成的? 他们的成长要经过多少道磨练? ……本书对优秀班主任成长必经的多项全能进行了深刻剖析与精彩演绎。

　　来自一线最真实的问题,来自一线最优秀班主任的"头脑风暴",来自全国著名班主任的点拨,使得本书在浩如烟海的班主任培训用书中脱颖而出。

4.《拿什么约束班主任》

班级是学校进行教育、教学工作的基本单位。班主任是班集体的组织者、教育者和指导者,是学校领导实施教育、教学计划的直接执行者,是指导团队开展工作的重要力量,是沟通学校、家庭、社会三结合教育渠道的桥梁。为了能更好地体现新课程改革对班主任工作的要求,进一步规范班主任工作的管理,明确班主任工作职责,促进班级工作的开展,建立良好的班风、校风,班主任教师除了在工作中讲究技巧性和艺术性外,还应该有严格的工作要求与便于实践操作的基本规范。

5.《班主任的基本功》

班主任工作十分繁杂,头绪很多,要想成为一名优秀的班主任,应当从事务堆中解脱出来,始终保持清醒的头脑,以明确自己的使命。本书全方位地阐述了新时期做好班主任应具备的各方面要素;它从班主任实际工作出发,从工作中出现的问题入手,再到详细地分析问题的成因,最后提出解决问题的方法、策略或建议。本书反映了我国新时期有关班主任工作的方针、政策的新动向,反映了班主任教育理念发展的新趋势,同时也反映了班主任工作实践活动的新发展。

6.《从细节入手》

班主任是班级的组织者、协调者、领导者和教育者,他是距离学生最近、与学生接触最多、对学生影响最大的老师。他的管理、他的教育影响的发挥在很大程度上取决于对教育细节的把握。细节虽小,却能透射出教育的大理念、大智慧。一个成功的班主任,一定是一个关注细节、善于利用细节去感染、教育和管理学生的人。

7.《班主任谈心术》

当前,青少年心理健康问题已成为全社会越来越关注的焦点。因青少年心理问题引发的违法犯罪等社会问题,也呈日趋上升的态势。现代教育的发展要求教师"不仅仅是人类文化的传递者,也应当是学生心灵的塑造者,是学生心理健康的维护者"。作为一班之"主"的班主任,能否以科学而有效的方法把握学生的心理,因势利导地促进各种类型学生的健康成长,将对教育工作的成败有决定性的作用。但是,面对性格迥异,出身、家庭等各有不同的学生,如何走进他们的心灵、倾听他们的心声、解决他们的思想问题?本书将一一为您解答。

8.《班主任治班之道》

班级是学校的基础"细胞"。班级管理搞好了,学校的教育、教学工作才会得以顺利。正如赫尔巴特所说:"如果不坚强而温和地抓住管理的缰绳,任何功课的教育都是不可能的。"可见班级管理工作是多么的重要。而班主任作为班级的组织者、管理者,做好班级的管理就成为班主任工作的重中之重。

9.《怎样开好班会》

主题班会可以锻炼学生的活动能力,开拓他们的眼界。如何设计好一场别开生面的主题班会,寓教于乐,从思想上和情感上润物无声,对学生起到特殊的教育作用,这本手册是您的最好选择。分类细,立意精,内容新,一册在手,开班会不愁!

10.《突发事件应对》

书中列举的大量真实生动的案例,无不充满智慧,充满心与心的交流。书中的一幕幕校园闹剧,让人有种似曾相识的感觉;书中老师的"斗智斗勇",让人感到耳目一新,由衷叹服,不禁感慨教育真是一门充满智慧的学问!

11.《学生人格教育》

本书从人格类型入手,对教师和学生的人格类型进行了划分;再结合大量实证研究和教学实践个案,提出了教师应如何巧妙地根据学生的心理类型,在全班教学的同时又针对类型差异,进行适应个别差异的教学和管理,以满足学生的需要来激发学生的学习兴趣,进而提高教学效率,使每个学生得到适合自己的发展。阅读本书,教师不仅能够掌握更有效的教学方式、让学生喜欢上学习、提高教学质量,而且能够对自己有更进一步的了解,有利于教师的自我成长。

12.《学生心理教育》

当前我国教育改革和发展面临的重大任务和时代主旋律,是全面实施和推进素质教育。素质教育的重要内容和目标之一,就是培养学生良好的心理素质,提高学生的心理健康水平。而要想培养和发展学生的心理素质,最重要的方法就是面对全体学生系统地开展心理健康教育。本书就是一本供中小学生心理健康教育用的书,有助于引导中小学生领悟到相关的理念、知识和方法。

13.《学生遵纪守法教育》

对广大青少年的遵纪守法教育应根据其认识水平,从纪律教育入手,让他们从小建立起规则意识。而且要明确所在学校的校规,所在班级的班规;要了解学校的各种制度。由学校的一些纪律制度,推而广之,让青少年对必要的社会公共秩序的规定也要有所了解。同时,要青少年明白人小也要守法。本书以青少年为主要读者对象,目的是让青少年读者感受到遵纪守法的必要性。

14.《学生热爱学习教育》

本书通过大量实例,深入浅出地剖析了动机的重要性和来源,教您如何激发学生投入学习的动机,怎样鼓励学生完成学习任务,还告诉您怎样及时遏制学生在课堂上的不当动机。掌握了激发学生学习动机的策略之后,您会发现,让学生都爱学习,已不再只是梦想,它正在慢慢变为现实。

15.《学生热爱劳动教育》

教育与生产劳动相结合是我党教育方针的重要组成部分,是我们坚持社会主义教育方向的一项基本措施。要搞好教育与生产劳动的有机结合,必须首先教育学生热爱劳动,使每个学生对劳动产生渴望,感到劳动是一种欢乐,是一种享受。当学生能从劳动中取得乐趣时,劳动教育才算获得成功。

16.《学生热爱祖国教育》

热爱祖国是中华民族的传统美德,是每个公民的神圣义务。"以热爱祖国为荣,以危害祖国为耻"不仅是一个普通的道德准则,也是公民的生活规范。爱国主义是维护中华民族大团结,促进社会大发展的主要精神动力,是中华民族最基本、最重要的传统美德。爱国主义,也是对自己祖国和人民的深厚感情。

17.《学生热爱社会教育》

构建社会主义和谐社会,必将为青少年健康成长创造一个优良的社会环境。同时,加强青少年社会教育,促进青少年健康成长,对于促进社会主义和谐社会建设,也具有十分重要的意义。社会的持续发展,持续和谐,在很大程度上取决于今天的青少年能否成为未来社会的合格成员,而培养合格的社会成员,仅靠学校教育、家庭教育是不够的,必须坚持学校教育、家庭教育和社会教育相结合。

18.《学生热爱科学教育》

当你们看着可爱的动画片,玩着迷人的电脑游戏,坐上快速的列车,接听着越洋电话的时候,……你可曾意识到科学的力量,科学不仅改变了这个世界,也改变了我们的生活,科学就在我们身边。科学技术的日新月异,使得科学不只为尖端技术服务,也越来越多地渗透到我们的日常生活之中,这就需要正处于青少年时代的我们热爱科学,学习科学。

19.《学生热爱环境教育》

我们不是从祖先那里继承了地球,而是从子孙那里借用了地球。宇宙无垠,地球是一叶扁舟,人类应该同舟共济。地球能满足人类的需要,但满足不了人类的贪婪。森林是地球的肺,我们要保护森林。水是生命的源泉,珍惜水源也就是珍惜人类的未来。拯救地球,从生活中的细节做起。对待环境的态度,表现着一个人的素质和教养。人类若不能与其它物种共存,便不能与这个星球共存。幸福生活不只在于衣食享乐,也在于碧水蓝天。

20.《学生热爱父母教育》

专家认为教育首先是让孩子"成人",然后再是"成才"。要弄清成绩、成人与成才三者的关系,谨防"热爱教育"缺失造成的心灵成长"缺钙"现象。对一个孩子健全人格的培养,最关键的要让他做到几点:热爱父母,能承受挫折、吃得起苦,有劳动的观念。热爱父母,才能延及热爱社会、热爱人生。

由于时间、经验的关系,本书在编写等方面,必定存在不足和错误之处,衷心希望各界读者、一线教师及教育界人士批评指正。

编者

目　录

1

第一章

班主任的工作特点

新 环 境

新环境的内涵

基础教育课程改革纲要（试行）指出："新课程的培养目标应体现时代要求。要使学生具有爱国主义、集体主义精神，热爱社会主义，继承和发扬中华民族的优秀传统和革命传统；具有社会主义民主法治意识，遵守国家法律和社会公德；逐步形成正确的世界观、人生观、价值观；具有社会主义责任感，努力为人民服务；具有初步的创新精神、实践能力、科学和人文素养以及环境意识；具有适应终身学习的基础知识、基本技能和方法；具有健壮的体魄和良好的心理素质，养成健康的审美情趣和生活方式，成为有理想、有道德、有文化、有纪律的一代新人。"新课程的培养目标给班主任工作提出了更高的要求，这也是班主任要面对的崭新的教育环境。班主任首先要适应轰轰烈烈的基础教育课程改革，培养紧跟时代的符合未来社会要求的新人。班主任要告诉学生先做人，后学习，在学习中学会做人。班主任应该根据这一新的思维方式，进行班级的组织与管理工作。

新环境具体内容

班主任面临如下新的具体的工作环境：

1. 学生生存环境的变化

班主任的工作对象既包括学生也包括家长。进入 21 世纪，人的生存环境发生了极大的变化。在我们中国的学校，无论是校园建设还是教学水平，与世界发达国家相比，都有很大的差距；乡村学校和城镇学校相比，差距也很大。但是无论是城镇还是乡村，家长把孩子交给学校，就希望孩子接受最先进的教育。最先进的教育就意味着学生想要接受的是与国际接轨的教育。因此，要当好新时代的班主任，首先就要为学生着想。比如，在学校，学生首先是课程改革中的人。学生的学习不应是教师的老生常谈，要与时俱进。班主任首先应该知道，学生的生存环境已经发生了深刻变化。

带来学生生存环境最大变化的原因是社会发展和科技进步。学生通过电脑、电视、阅读等渠道，获得大量超越班主任班级管理教育的信息。学生通过电脑操作、轻点鼠标，许许多多的未知会迎刃而解。学生在各种高科技的生活空间中，可以跨越国家与国家之间的距离，接受到许多班主任无法控制的多元思潮。因此，班主任在班级管理中，必须充分考虑学生这种发生深刻变化的生存环境。班级管理必须围绕这种变化来建构核心。如：要求学生树立全球意识、国际视野；要求学生学会合作、交往、赞美、分享；告诉学生正面临信息时代，要在竞争中时刻培养信息意识与素养、培养获取与处理信息能力等。班主任要时刻在班级管理和教育中，告诉学生 21 世纪社会具有大生产、大科学、大技术和知识经济的特点，知识经济的发展也带来科学技术的全球化。随着知识经济的到来，聚集人才、合作交流、快出成果是学生今后要面对的新的生存环境，在这样的生存环境中，智力、创新精神、探究意识与能力相当重要。而更为重要的是要善于敏锐观察、学习和超越；善于倾听、善于表达、善于组织、善于理解、善于协调。因此，在基础教育课程改革中，关注学生生存环境的变化是班主任工作的第一要义。知道和了解每一位学生的生存环境，并根据学生生存环境的特点，树立可持续发展的班级管理工作理念，积极构建活跃的班集体思维，在每一个班级教育时段中，积极促使学生学会为自己终身发展自主思考并规划人生，这是班主任工作成功的秘诀。

2. 教书育人的文化环境的改变

经济基础决定上层建筑。我国的经济发展与发达国家相比还有很大差距，因此我国的教育也面临许多实际困难。新时代的班主任应该清醒地看到，整个教育内部和外部环境都要求教师必须树立新的教学观念、实行新的教学行为、提升个人素养、形成新的人格魅力，因为学生出生和生活的环境差异远比 20 世纪 70 年代、80 年代大。从文化层面上说，家庭文化更为复杂化和多元化，班主任所面对的学生也更为复杂、更难管理。作为班主任，应该敏锐地看到这是教书育人的文化环境在发生深层次变化。学生家庭环境的好坏差异、离异家庭及父母在外打工的学生，留守农村学生的复杂心态；学生自觉接受课外文化熏陶教育的开放

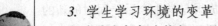

个性；自觉适应网络文化、社区文化的多层次表现，凡此种种都形成新的教书育人的文化环境。这种文化环境不允许班主任仍然采用"老祖宗教育模式"一成不变地进行班级管理。班主任和学生一样面临新课程改革中的教师观与教学观，班主任同样是学生学习活动的组织者和引导者。班主任有责任与任课教师一道研究教师观念的转变、教学知识的更新、自身综合素养的提高。也有责任促使学生用新的方式理解和使用教材；开发课程资源；灵活运用多种学习方法；重点培养学生在实践中学会学习的能力。总之，教书育人文化环境深刻变化的实质，在于教师教学不只是课程传递和执行的过程，而是课程创新与开发的过程。这种新的教书育人环境，赋予班主任新的要求：班主任必须在基础教育课程改革中适应变化，与时俱进，首先改变自己的组织与管理班级工作的新思路，并在不断的学习中提升班主任的教育教学智慧和生命质量。

3. 学生学习环境的变革

很多班主任都在抱怨，现在的学生越来越难教。这就要求班主任首先要研究学生需要什么样的生存环境。我们应该根据学生需要，改变和建立新的、和谐的学习环境。首先，班级的学习环境正在向人性化、理性化方面转变。学生和家长要求班级中充满人性、人情和人道教育。其次，班级的学习环境也正在向处处体现"自尊"和"他尊"转变。无论是任课教师、班主任还是家长，都应该尊重自己、尊重别人。只有在这种充满学会尊重的教书育人环境中，班主任工作才能充满快乐。再次，学生、家长和教师们都希望班级学习环境中充满理解和信任。如果教师眼中只盯着学生的学习成绩表或只要求学生努力学习，势必带来许多与学生甚至与家庭教育的矛盾，班主任工作不可能快乐。另外，学生学习环境的重大改变，还体现在学生之间广泛和深刻地信息交流中。随着信息化社会的到来，教师的知识讲解已经远远无法满足学生获取新信息的欲望，班级中广泛、深刻地信息交流，形成学生新的学习环境，直接影响着班级工作。一个聪明的班主任，决不会无视这些学习环境的变化，当班主任顺应这种变革潮流，建立新的班级管理文化之时，就是班级工作获得成功之时。

4. 班主任的工作环境正面临专业化的新要求

班主任应认识到教师作为一种职业，它是21世纪最具变化的职业。

新环境和新时代对教师提出了较高的要求，尤其是新的基础教育课程改革对教师的专业化提出更高要求。教师作为一种职业，本身可能不再是"铁饭碗"。在现代教育中，班主任应当具有专门的职业理论、职业道德、职业技艺。班主任不应是"生产队长"。班级的基本特点；班主任在班级工作中的地位和作用；班主任在学校管理中、在学生教育中的角色意识和角色要求，都已经有很专业化的研究。如果班主任缺乏专业性；专业理论和专业个性不强；教育行为不规范；不具备一定的班主任学术水平，那么班级建设水平就无法提高。

新矛盾

现阶段班主任的工作至少面临以下新的矛盾：

1. 理想与现实之间的矛盾

建设一个什么样的班级；怎样培养学生，班主任心中一般都有很好的想法，这是班主任的专业理想。但是在实际地实施过程中，班主任会遇到许许多多的麻烦甚至是挫折，尤其是在现代社会，理想和现实之间的距离常常会使班主任一筹莫展。这种理想与现实之间的矛盾对班主任的专业素养提出了新的更高要求。

2. 自我班级管理设计与外界评价之间的矛盾

班主任往往根据自己班级的实际情况，对班集体的构建、管理定出规划。但是目前，我们的评价系统的构建还很落后。很显然，有时候非常好的班级管理措施不一定符合上级的评价要求。有时候甚至得不到家长、同行的理解与支持。这就要求班主任具有很强的自我反思和调整能力。

3. 班级活动的开展与学生学习成绩提高之间的矛盾

在实施新课程的过程中，班主任有必要组织丰富多彩的班级活动，以形成学生开放的知识结构、健全的价值观、健康负责任的生活态度，并通过活动培养学生的创新意识和能力、参与社会实践的能力、善于和他人共同生活和共同工作的能力等。致使学生"学会认知、学会做事、学会与他人共同生活、学会生存"（德洛尔报告）。但是在实际操作中，班主任有可能遇到家长、学生以及任课老师要求注重学习成绩，得到高分数的阻碍。班主任积极开展的班级活动有可能得不到各方支持。同时，面对社会和学校的评价，班主任也很难在开展班级活动与一心提高学习成绩之间取舍。

4. 班级常规管理工作与学生心理承受力之间的矛盾

班级管理的实质是建立在很严格的集中管理之上。现在的学生大多是独生子女，他们大多"自我意识"强烈。很多班主任往往在学生的古怪脾气、狭窄心性面前"望生兴叹"，觉得班级不好管理、班主任不好当。

5. 种种特殊矛盾

现时代班主任还将遇到种种特殊矛盾，凡此种种，也预示着班主任走进了一个富有创意的班级工作的新时代。它要求班主任善于动脑、善于调整、善于创意、善于策划、善于迎难而上。

既然现时代班级工作存在种种矛盾，班主任就要善于去观察和分析班级中各种事物的矛盾运动，并根据情况具体分析，寻求解决矛盾的方法。面对班级工作中的种种矛盾，班主任要知道矛盾的普遍性、矛盾的特殊性、主要矛盾和次要矛盾、矛盾诸方面的同一性和相排斥性以及对抗性等。班主任具体了解和研究班级存在的矛盾是非常重要的。班主任知道在班级建设发展的过程中，自始至终是矛盾运动，就会针对不同质的矛盾，用不同质的方法去解决。尤其会注意矛盾的相互联结，关注其各方情况，注意其特点，着重抓住主要矛盾，游刃有余地做好班主任工作。

新课程

为跟上基础教育课程改革的步伐，班主任工作必须适应新课程教学改革的基本走向。新课程的重要理念是关注学生终身发展，班主任就必须关注和帮助学生掌握终身发展必备的基础知识、基本技能。在班级工作中，班主任要善于培养学生树立终身学习的愿望和能力，培养学生自主思考和规划人生的能力。在班级工作中，要把理解教育和多元文化教育放在重要位置。班级管理同样要强调综合实践能力的发展。班主任设计的各类教育教学活动，其目的就是促使学生加强课程、教学与生活、社会的联系。目前，很多学校在新课程实施中不知所措，其重要原因就是这些学校的班额比较大。在一个六、七十甚至八十人的大班中，教师怎样实施好新课程，的确具有很大的挑战性。在这样的班级中，班主任的班级管理更加具有挑战性。班主任一方面要配合任课老师，搞好新课程课堂教学的组织工作；另一方面还要关注学生需要，给学生足够的心理安全感：使他们承认学习漏洞，有勇气迎接挑战；使学生在班级生活中有归宿感，能互相获得信赖、友谊、温暖；使他们建立自信心，有能力完成学业；使他们有自治欲，愿意自觉参与管理，自己做主，协商产生课堂规则，对班级管理工作认同、接纳、内化、自觉执行等。总而言之，班主任面临新课程，就要学习新课程，要树立向学生学习的新理念，要富有创新精神、具备探究意识与实践能力。

要认真研究新课程课堂教学

现阶段班主任同时也兼任一门以上的课程教学工作，与此同时，还承担帮助学生学习的重任。因此，为保证基础教育课程改革的顺利进行，班主任要做新课程实施中的排头兵。班主任首先要认真研究怎样提高自己实施新课程的教学设计；其次要研究如何促进学生更新课堂的学习方式；还要研究自己的教学方式与学生的学习方式怎样同步更新；研究怎样帮助学生开展学习实践活动；研究怎样提高自己课堂教学的评价能力；研究在新课程实施中，怎样和班级任课教师一道更新知识，提高课堂驾驭能力，提高教师教学能力，怎样转变教学行为，提升教师人格。班主任必须自觉进入新课程的实施，通过种种研究，成为学生学习的促进者。

构建班级和谐的新课程教学文化氛围

在班级中，班主任要向学生学习，做认真实施新课程的榜样，并将它作为班级管理理念。班主任要在新的层面研究教育教学，以形成个人班级管理的文化特色。具体说，班主任要思考自己怎样成为课程的建设者和开发者；班级管理怎样由封闭走向开放；班主任怎样成为社区型的开放型教师。在构建班级学习风气时，班主任应该像专家教师那样，提供引导学生完成给定作业的认知路标，让学生在互动中学习学科知识和学法知识，和学生一起评价教师教与学生学的效果，使学生亲其师、信其道、乐其学。

把改变学生学习方式作为班级工作中心

课堂教学是学校生活的最基本构成，是学生生活与健康成长的过程，是教师职业生命的构成。班主任要知道，自己班级的每一个老师都希望自己上的课受学生欢迎。因此课的质量影响教师对职业的感受与态度，体现教师专业水平与生命价值。班主任要设身处地为任课老师排忧解难，积极主动地配合任课老师，做好实施新课程课堂教学的学生组织工作，要把帮助学生改变学习方式视为己任。例如，如果要在大班额的教学中实施新课程，班主任就要和任课老师一道，特别注意研究教学过程。具体告诉任课老师班级学习小组分布的状况，主动和任课老师交流沟通，商讨怎样组织学生自学；怎样建构有效学习的学习小组；怎样促使学生在小组学习中有效地合作；教学内容怎样围绕学生"学会什么知识"、"会学什么知识"组织；教学时间怎样进行有效分配；教师怎样做到既全面、又个体，既倡导自主学习，又扭转"满堂灌"；教学过程怎样适时安排听课、模仿、记忆、练习和其他学习活动。班主任和任课老师所做的上述研究，目的是为了改变学生的学习方式，学生只有在改变学习方式的同时，才能获得健康成长。聪明的班主任应该知道，苦口婆心的说教，不如精心精意的引导。学生最大的变化和收益还是在课堂学习中，在课堂学习书本知识是"育人"的最好资源与手段。每一门学科都有着独特的育人价值，每一个领域的知识，都为学生提供不同的路径、独特的视角、发现的方法、思维的策略。学生在每一学科中获得的独特经历和体验，将帮助他们提升独特的对美的发现、欣赏、表达的能力。

在对学生的评价研究中落实好新课程

在实施新课程的今天，要做好班主任工作，就要注意认真研究对学生的评价。在班级评价中，班主任除了掌握赏识评价、动态评价、多维评价、发展评价等评价方法外，还要十分注重研究教学评价。教学评价的价值取向应该是要促进学生全面发展，促进教师不断提高，充分调动教学双方的主动性与积极性。教学评价应该避开高利害、高风险评价。

班主任要知道评价中学生过分看重学习分数，忽视学习过程与学习表现的评价，不重视教学活动中教学实践考察等，都会使班级工作以及自己与学生关系产生不和谐因素。班主任应该注重与领导、同行、学生一道，研究依据一定的指标体系，对学生学习过程中的行为进行评价，以求评估出高效度的结果。例如，在对学生音乐学习的评价中，班主任应引导学生展开生生互动评价，在自我评价和他人评价中，让学生通过唱歌表演养成良好的行为习惯，为他人提供和为自己争取表演才华的机会，培养兴趣特长。班主任可以有意配合任课老师，利用音乐课程教学资源，在课间十分钟，早上、下午上课前播放音乐，让学生在音乐声中开展自我服务、为人服务、整理书包、打扫卫生等，以最大限度地扩大学生学习音乐知识的过程，达到音乐学科的育人价值。又如：班主任可以配合品德与生活课程教学，让学生在自我与他人的评价中，回忆自己的生活习惯，学习行为规范，自觉养成讲效率、勤奋扎实、负责任、有始有终、虚怀若谷、从善如流等良好习惯与品德；树立诚信参与意识、风险意识、竞争意识等生活品质。班主任还可以配合综合实践课程，将采访、搜集信息、阅读资料、社会调查等纳入评价指标，作为班级评价项目。通过师生共同评价，促使学生积极开动脑筋、学会好好学习和好好做人等。所有这些评价研究，都会非常有效地帮助班主任切实落实好新课程。

新 挑 战

班主任要自觉落实素质教育，教书育人。教育要面向世界，面向未来，面向现代化，班主任工作所面临的挑战是前所未有的。认真思考与应对这些挑战，是班主任工作策划中不可或缺的。

面向未来的挑战

未来社会所需要的人才，首先应具有知识面宽、知识博与新的"通才"素质。学生在学校接受教育，是为未来的生存作准备。能适应未来社会挑战的人才，知识结构要活、要开放、要能再生。他还应该具有全面综合的能力，即除了我们传统教育中要求学生守纪律、"听话"、"学习成绩好"、具有组织能力外，还要讲道德、讲文明、讲法制、善于与人交往合群等，这些都是未来人才应具有的能力。另外，未来人才必须具有会欣赏美、鉴别美、表现美、创造美的品质结构，他必须是具有精神财富的人。班主任应该知道学生是社会中的人，是时代中的人。班主任的工作就必须时时考虑时代对社会成员的基本要求，时刻培养之。为了学生适应未来残酷的社会竞争，班主任的责任是不让每一个孩子掉队。

面向学生发展的挑战

关注学生终身发展，同样是优秀班主任的责任和义务。在新时代的班级工作中，班主任要在多样的班级活动中，鼓励学生参与社会，提高国际意识、提高学生独立思考和学习的能力，使学生掌握每一门学科的基础知识，发展个性。为此，班主任要极力创造班级宜人的教育环境，鼓励学生把自己的班级办出特色和标新立异。班主任还要关注大班额中每一个学生的发展。关注学生精神方面的发展，如培养学生自我成长、发展自己的潜能、认识优缺点、具有实现目标的意志等，关注学生道德方面的发展，如明辨善恶、理解道德冲突、关心他人、采取正确行动的意志等；关注学生社会方面的发展，如理解作为集体和社会一员自身的权利与责任、人际关系的能力，为了共同的利益，与他人协作的能力等；关注学生文化方面的发展，如理解文化传统、具有理解和欣赏美的能力等。

教育新观念

李政道先生说："谁能以深刻的内容充实每个瞬间，谁就在无限地延长自己的生命。"班主任是直接塑造和管理学生非常专业的工作者，因此班主任也应该树立以下教育观念：

榜样的力量无穷

班主任是学生学习的榜样，就要勤奋学习。班主任要了解什么是教育、要教给学生什么、什么对学生的明天最有用、学生的今天应该学好什么、学生怎样才能学好等。一分耕耘一分收获，凡认真学习的班主任，学生必定喜欢。种瓜得瓜，种豆得豆，班主任种下的应该是教书育人的幸福，勤奋学习换来的愉快和幸福，才是对学生心灵的最好塑造。新时代要做好班主任工作，需要学习的东西实在太多。班主任首先要建立向学生学习的教育观念。在班主任工作环境中，学生是班主任学习的最好资源。向学生学习，有利于班主任应对班级工作中的各种挑战；有利于班主任了解学生中各种千奇百怪的现象来源；有利于了解学生和适时恰当地点拨和指导学生；有利于因势利导启迪学生心中的智慧，促进学生自主发展，形成自由个性。总之，班级工作是班主任辛勤学习、勤奋工作的记载。班级如果有一位勤奋学习的领路人，学生势必将健康成长。

探究科学的班级工作规律

生活在良好的班级中，学生可以真实地呈现和改正自己的成绩与缺点，同学之间可以非常友好地包容对方，师生都在努力地追求美好前程。班主任要没有偏爱；不专制而非常民主；不简单粗暴而非常耐心细致；不限制而非常开放；班主任工作不花哨、不浮躁而实实在在。班主任工作只有合规律性、合目的性才会产生美。

研究学生和工作策略

现在的学生好奇、兴趣广、视野广、知识积淀丰富、善于表达、善于表现、外露、有主见，但是也有许多学生依赖性强、自理能力差、脆弱、承受挫折能力差，甚至有的学生嫉妒报复心强、自私利己、任性固执、爱发脾气等。班主任要充分了解学生这些共性与个性，研究与之相应的、做好班级工作的策略，时时树立组建新的、团结互助的团队意识。习惯是人类生活的伟大向导，在班级中注重防微杜渐，重视学生养成良好的生活习惯非常重要。班主任要系统思考、统筹规划，在班级这个团队中，和学生一起努力、共同成长，做到爱人、育人、成人，自己成为学生智慧的领路人。

研究自己的班级管理文化

民主平等是新时代班主任管理文化的核心。作为班集体的"首席文化顾问",班主任同样要注意角色转换与定位。班主任要注意面向全体学生,关注学生个性,培养学生特长,注重班级工作的全面性,把握好严格与宽容的尺度,懂得拯救人的灵魂要比惩罚手段高明。班主任要善于和任课老师、家长联合,加强对学生的关爱和引导;班主任要善于利用社区力量治理班级,使班级与社会及时沟通,求得和谐发展,这些都是班级管理文化。

在班级中,班主任要富有爱心,引导学生注重合作与关爱,告诉学生合作的道德基础是关爱,注重音乐与游戏对人情感的培养力量。例如,在班队活动与休息时,播放贝多芬、莫扎特、我国民间的、现代的、古典的音乐,让音乐陶冶学生的情操,增强教育效果。班主任要对学生加强信息技术教育,充分利用计算机教学,培养学生对不良网络游戏的免疫力;班主任要及时和家长沟通,利用班会和各种谈话和学生沟通,"润物细无声"地增强学生"负信息"的免疫力;班主任还要努力建立良好的师生关系,着力提高学生学习兴趣。比如,有的班主任在班级有意留一半黑板给学生,清晨或放学后由学生自由支配这一半留下的黑板,让学生在黑板上出通知、发广告或新闻、公布最难题目的解法等。班主任用这种或其他简单方法,还给孩子体验的权利、组织学习考察活动的权利,让学生在活动中尝试、研究,这也构成了班级管理文化。

注重班主任的工作艺术

班主任要有勇气承认:一辈子听话的孩子会多么可怕。孩子能勇敢地说"不",不是犯错,而是在为成长付出代价。在班级活动中,班主任甚至可以设置犯错的各种诱惑,让孩子面对虚拟的生活场景,作出个人决断,并且在"错"中最终走出,获得智慧之果。班主任工作的艺术,在于像"丑小鸭"中的妈妈一样,呵护每一个孩子,尤其是呵护那些不为人重视,甚至具有某种心理缺陷的孩子。每个人都希望自己从丑小鸭变成白天鹅,这是人类共有的情结。班主任要艺术地帮助每一只未来的"白天鹅"完成蜕变。在蜕变中锤炼出良好心理承受能力的孩子，正是班主任种出的丰硕育人之果。

总之，班主任心中要有"人"。要做善解人意，充满"灵气"的班主任。作为班主任，关键是要积极的给孩子创造一种良好的学习环境，这也是班集体的育人环境。班主任要随时随地地挖掘班集体中幽默的东西，班级管理中的幽默来自智慧。班主任的智慧在于启迪学生把学到的东西生成智慧。知识不等于智慧，智慧是每一个人博采众长、融会贯通后的所得。班主任要懂得：人只有心灵改善才能拥有智慧。

过硬的专业素养

班主任的专业素养应包括：执著的理想与追求；组织与管理班级的能力；强烈的班主任工作基本规范意识；解决学生在班级中出现的各种问题的能力；设计班级活动的创新能力；心理健康教育能力；熟练掌握执行教育政策法规的能力；丰富的学科专业知识等。

上述班主任专业素养将会随着社会教育观念、人才培养规格、班级管理理论等的变化而不断调整，以适应不同时代班主任工作的目标和要求。比如，在基础教育课程改革的实施阶段，班主任的专业素养就有新的高要求。

理想和追求

具有专业理想的班主任首先必须具有坚定的教育信念，即"为了每一个学生的发展"。班级就是要培养社会需要与个性发展统一的人才。学生是鲜活的生命体，班主任是学生的服务者。综合素质和谐发展的教育教学质量观，是植根于班主任心底的理想与追求。为了这一理想与追求，班主任默默耕耘、甘于奉献，我国过去很多老的教育家，在这方面为广大班主任树立了极好的榜样。

组织和管理班级的能力

一个班主任是否专业，就看他面对学生表现出的沉着、冷静。在班级的学习生活中，班主任的安排、协调、评价、调控都是班主任的专业体现。一个非常专业的班主任在组织与管理班级时，一定富有爱心；一定对每一位学生都表现出尊重和理解；一定事事处处首先为学生着想。非常专业的班主任应该也是学生民主管理班级的组织者、促进者，是善于和学生及任课老师合作、乐于奉献、勇于创新、勤于进取的好榜样。

强烈的班主任工作意识

班主任首先要有强烈的角色意识，既教书又育人。班主任一定不要将个人教学与班级管理工作割裂，好的班主任首先要要求自己做一个教育家。班级管理中首先要培养学生学习习惯，教育学生要如陶行知言："一"：对某一问题或现象专心研究；"集"：对研究问题多方观察，收集资料；"钻"：深入反思，探索解决问题的方法；"剖"：剖析现象，抓住本质；"韧"：坚持不懈，不断进取。其次，作为班主任，要明确组建班级的目的，这一目的须紧扣学校培养目标，符合班级学生的特点。班主任组织管理班集体，必须确保班级成员的稳定性。每一个班级有固定的学生人数，班主任工作必须确保学生安全，保证一个班的学生人数稳定不流失。班主任还要确保学生课内、课外都心情愉快，不发生任何意外事故。班主任工作的规范意识还表现在确保各任课老师上课能顺利完成教学任务，以使学校的教育和教学工作都能有计划、有组织地进行。班主任必须使自己管理的班级具有严格的组织纪律性。在班级建立好一系列规范化的规章制度和严格的组织纪律，以保证班级教育、教学活动顺利进行，同时培养好学生严格遵守纪律的好习惯。班主任工作的基本规范还要求班主任与学生及时沟通、与学生家长及时沟通、与科任教师及时沟通。沟通的目的是协调各种关系。如协调学生与科任教师、学生与家长的关系、协调学生与其他社会成员之间的关系等。总之，建立一支团结协作的班干部队伍，制订一套切实可行的班级公约，组织一系列深入人心的班队活动，创造一个个因人而异的发展机会，积累一份份翔实具体的班级档案，创立一整套评价激励学生的好方法，都是班主任工作的基本规范意识。

丰富的专业知识

在我国中小学，目前大多是学科教学老师兼任班主任。因此，无论是语文、数学还是其他学科老师，凡是要当班主任，深受学生欢迎，就必须具有过硬的教育科学理论知识。扎实的本学科专业知识，广博开放的知识结构。班主任老师丰富的学科专业知识，不仅表现在自己的方面，还表现在学生学习成绩优异的方面、表现在帮助学生学会学习方面。因此，好班主任同时是好的学科教师。不短视和急功近利，耐心守候学生，帮助学生采用一些行之有效的方法，学会知识和会学知识，是班主任老师的责任。在学科教学中，班主任同时又可以利用组织学习活动的机会，和学生各方面广泛接触，以加深对学生的全面了解，及时渗透好的学习方法培养，并将交流这些好方法与班级活动结合。例如，有的班主任在教学中，组织同学交流总结出如下方法：查找资料法、分类出卷法、作文展示法、学习竞赛法、汇报学习法、卡片制作法、多元方式学习法等。班主任老师丰富的学科专业知识还表现在，小心指导学生学习过程中的每一个环节、每一个步骤，注重启发学生大胆发布体现自己经验智慧的学习成果，在教学活动中恰当点拨、组织、调控等。班主任也要学会研究每一位同行教师的专业生活史，找到同行的教育教学风格、类型和发展层次，将其成为自己专业发展的财富。善于将同行和自己缄默的、隐含于教学实践过程之中的实践智慧，不断提升、发展和完善。

心理健康教育能力

美国心理学家索里和特尔福德在其所著《教育心理学》一书中，列举了教师的八种角色：家长代理人、知识的传授者、团体的领导者、模范公民、心理保健者、朋友和知己、纪律执行者、替罪羊等；美国学者格兰布斯将教师角色分为学习指导者和文化传播者两大类，前者又分为七类，后者细分为九类。此外还有其他许多分法，例如学生的引路人、导师等。班主任的多重角色是国家教育制度规定和社会期望所赋予的。台湾学者林生传认为，现代社会中，教师扮演五种角色：传道者、授业者、选择者、辅导者、协商统筹者。班主任在学校工作和促进学生发展中的地位不言而喻，其作用可用一句话概括，即全面关心学生发展的教师。由此可见班主任承受着巨大压力。因此，作为班主任拥有健康的心灵无比重要，而很多班主任都常常为自己超负荷运转和承受的压力深感苦恼。另一方面，新时代学生大多是独生子女，每天面对的交流者都比较单调，因此心理毛病、不健康的心理因素着实很多。作为班主任要实现上述角色价值，就必须极力调整好自己的心理，使自己轻松健康地面对压力和挑战。并且负责任地调整好学生的心理，对学生适时进行心理健康教育，也是新时代对班主任的要求。班主任对自己的心理调节可以从魅力人生、自我欣赏、自我反思等方面入手；班主任的心理健康教育可以从教育学生学会立志，树立人生目标，学会交往，构建和谐人际关系，学会学习，提高学习效率，学会考试，奠基美好人生等方面入手。只有拥有健康心灵的班主任，才能帮助学生把握花样年华，唱好一曲青春之歌。

和谐的师生关系

新型和谐的师生关系首先必须建立在学生热爱班级生活的基础上。中国有句古语："一日为师，终身为父"，这大概概括了传统和谐的师生关系。但是随着时代的发展、人民生活水平提高、教师地位的提高，师生关系也发生了一些变化。比如，师生之间的"功利关系"：班主任看重学生成绩优劣、看重家长对自己尊重的程度、看重学生是否温顺，看轻学生个性发展等等。如果班主任工作蒙上了这些"功利关系"，学生必然会对班级生活产生厌恶情绪，这就造成师生关系的不和谐。在新课程实施中，班主任角色的转变成功与否也深刻地影响学生健康成长，影响是否能建立新型和谐的师生关系。和谐的师生关系必须建立在对学生正确引导和严格要求之上。班主任着力建立和谐的师生关系应该注重从下列方面切入：

引导学生养成良好的学习习惯

在新生入学时，对新生提出恰当期望、要求和建议。例如，有一所高级中学在学生入校时，学校敦促班主任对学生进行下列入学教育：

（1）树立志向（随时学习、记录，建立社会责任感，敢为人先）；

（2）协作关怀（创新，探索，务实，独立，批判，讲法制）；

（3）协作能力（理解个性差异，尊重个性差异，学会沟通，学会领导，学会关心）；

（4）思维能力（想问题，有见解，多角度看问题）；

（5）科学方法（事半功倍，用数据说话）；

（6）信息能力（讲效率）；

（7）语言能力（自觉、创造性地进行多种语言学习积累）；

（8）表达能力（会写，会想，会说，讲道理）；

（9）关注社会（关注国际科技发展，关注社会新闻）；

（10）体育锻炼，健康体魄（让锻炼成为生活的一部分）；

（11）兴趣广，见识广，性格好，朋友多。

班主任在学生入学之初，让学生懂得生活在一个新集体中，必须确定自我管理、自我建设的要求和目标。这些要求和目标正是班主任构建和谐班级、建立和谐师生关系的重要基础。

注重细节培养，引导学生学会自尊与他尊

聪明的班主任要认识到：建立和谐的师生关系，首先要帮助学生学会成功地自己管理自己。人的成功主要在细节，班集体的和谐也在于班主任要注重学生课内外细节的培养，教育学生在班级生活的每一个细节中既尊重自己，又尊重他人。随着学生入学教育的开始，一切关于尊重自己和尊重他人的良好习惯，就应在细节培养中开始。例如，在班集体内、走廊内悬挂图例；在教室内张贴标语、出好主题黑板报；在同学中开展优秀帮教活动；利用主题班会创造宜人而独特的班风等。班主任还可以在班级开展"轮流值日"，让每一位学生有机会当一天"班主任"，并且在值日生当班主任的那一天里，让学生充分换位体谅班主任工作的辛苦；班主任也要在"这一天"，更为耐心细致地指导"这一位"学生关注班级生活中的"细节"。许许多多的"这一天"、"这一位"，也是班主任建立和谐师生关系的细致调教。"只要功夫深，铁杵磨成针"，班主任心中只要有构建和谐师生关系的理念，就会告慰自己"学生永远

无错!";就会精心在班级生活中的点点滴滴中,做尊重自己、尊重学生的表率。

用审美眼光构建和谐班级关系

马克思指出:"劳动创造了美。"人类在劳动过程中把人的本质力量对象化,化自在之物为为我之物,正是这种为我之物的形象使人感到情感愉悦,从而产生了美,也正是在本质力量对象化的过程中,审美的感觉器官随着主体发展起来。马克思主义的美学观点认为,人的本质力量对象化就产生美。马克思认为:人在他所创造的世界中直观自身。在认识过程中,"人的本质力量对象化"通过与人的本质力量对象化发展相对应的感觉器官,呈现在主体意识中,从而使人"感到个人的乐趣",乐趣就是美感。要做好班主任工作,和学生建立和谐的师生关系,班主任也要非常注意在班级工作中灵活运用美学原理。例如,在班级工作中注重情感的中介作用,注重培养学生用审美的眼光看待班级中所发生的一切;注重启发学生明辨真善美和假丑恶,自觉用真善美战胜假丑恶;尤其注重在班级学习生活中启发学生不偷懒,随时随地地发挥自己所有潜能。班主任善用恰当的赞美之词,使学生享受审美愉悦,从而自然地培养学生自尊自爱和他尊他爱。在班级中创造学生民主管理的文化氛围,绝对不要在表扬甲同学时忽视乙同学。优秀的班主任应该善于用制度管理班级,做到班主任在与不在,班上事务都有小班主任(学生)管理,包括与后进生对话、接待家长、联系校长和科任老师等。班主任还可以在班级设立多种管理职务:新闻报道员、卫生管理员、特长教导员、活动组织员、社区孤寡老人慰问组织员、班级问题调查员等。班主任要学会制订大的原则,进行大的策划,思考小的细节,加强宏观管理调控,艺术地运用评价机制,以此来取代繁冗的班主任工作,使自己从琐碎的事务中解放出来。所有制度的建立,都围绕培养学生能力、提升学生文明素质、增强学生民主法治意识、着力提升学生文化素养进行。通过这些让学生感性显现人的本质力量对象化的审美活动,使学生感受和谐的愉悦,会使班集体产生和谐美。班主任应该非常专业地认识到,审美活动是认知活动和评价活动的统一。凡事如果引导学生从积极审美角度去认识和评价,学生就有可能超越功利目的、超越自我,获得新的收获和人格升华，甚至产生美好的创意。审美活动具有认知活动和评价活动的双重功能。为使同学在情感上产生愉悦，班主任引导评价的事物美必须在内容上反映人的本质力量，在形式上表现为关于客观事物形象的感性显现。

注重对学生各方面评价的价值取向

班主任与学生之间和谐关系的构建，很大程度上取决于他对学生的评价。班主任有时候顺口说的一句评价语，在学生心中所起的作用，是班主任始料不及的。因此，班主任一定要研究评价，提高自己的评价水平，避开有碍于师生关系，对学生高利害、高风险的评价。如果是对学生学习方面的评价，必须有利于促进学生全面发展、促进任课教师不断提高教学水平，充分调动教与学双方的主动性与积极性。班主任在班级管理中，天天面临的是教育教学评价。班主任评价的价值取向在于鼓励学生走向自信、走向发展。换句话说，班主任天天想的是：我们班的每一位学生将怎样"好好学习，天天向上"。那么，班主任的评价语言，就一定是有利于学生发展，鼓励学生好好学习天天向上的语言。要如此，班主任就有必要研究把握好学生发展的"最近发展区"，研究不断提高学生学习质量和效益，引导和促进学生不断发展的评价方式。这期间要处理好学校对学生要求的共同性和学生发展水平差异性的矛盾；处理好班级对学生要求的共同性和学生发展水平的差异性的矛盾；处理好班级教育对学生要求的共同性和学生对教学需求发展水平的差异性的矛盾。班主任要研究让学生"跳一跳摘桃子"的艺术，不断根据学生的承受能力和调整能力，针对学生个性提出新要求。班主任要知道班级中每个人的个性不同，"跳"的速度、力度和姿态就各不相同。

以身作则，发挥班主任的示范作用

"其身正，不令而行，真身不正，虽令不从"。新时代的学生不好管，班主任不好当，这是班主任普遍谈论的问题。归纳起来，大概原因如下：首先是师生之间关系的淡漠。学生不愿意和老师讲心里话，老师除了过问学生学习成绩外，与学生基本没有共同语言。其次是师生关系紧张。有的班主任对学生有打骂、训斥等许多不尊重现象，学生对班主任就只有畏惧、应付，大多时候避之不及。另外是师生关系功利化。如教师只对成绩好的同学关心，对成绩差的学生鄙视、挤兑；对家长走的很勤的学生关心，否则就缺乏关心；对有些家长能给自己私人生活带来好处的学生，教师就给予优待等。所有这些，学生心中一杆秤，他们看在眼里，恨在心上，开始瞧不起自己班主任，并把这些情绪带进班级生活，可想而知后果肯定是师生关系不佳。因此，班主任作为管理者，正人须先正己，班主任首先应该是一个善良的人。班主任要努力追求自己的高水平、高风格，心怀宽广，能宽容学生的一切，对学生管理丝毫不带一点个人恩怨因素。班主任还应该是一个真诚的人。班主任要有一片诚心、一番苦心、一颗爱心，唯独不应有一丝私心。班主任要诚心分享学生的快乐与痛苦，以诚育人、以诚服人、以诚待人，坦诚地以自己的心换学生的心。班主任还要做情感丰富的人。学生都是班主任可爱而真诚的朋友，班主任可以将自己的喜怒哀乐向学生倾诉，学生也可以坦诚的与班主任述说自己的个人秘密。班主任也是一个真情倾听者，他关怀世事，感受社会人间，非常感兴趣于学生的一切微小变化。

案例 1-1 　　　　　　　　**如何记住学生的名字**

新接一个班，最好能迅速记住所有学生的名字。这既体现了班主任的能力，也是树立新班主任的良好形象，打开学生心灵窗户的一种有效方式。如何在最短的时间内记住全班学生的名字呢？结合多年经验，给大家介绍几个窍门：

（一）"笨鸟先飞"法。如果记性不是很好，那你就"笨鸟先飞"吧。先到学校教务处把学生点名册拿来，在开学之前背下来，等学生来了之后对号入座，这样能够记住不少学生的名字。

（二）聊天记忆法。在学生报到时，多跟学生聊天，尽可能地把学生名字和本人性格联系起来。第一天报到，学生不会一下子来得很多，你可以试着跟早到的学生初步进行面对面交流。即使一下子来了很多学生，你也可以通过交流进行比较，从而记住那些特点突出的学生，如这位快言快语的女生叫什么名字；那位沉默寡言的男生是谁……

（三）外貌特征记忆法。在开学之初，我通常很注意观察学生的外貌特征，并将之与学生名字联系起来。只要你发挥联想，那些死板的姓名就会生动起来。如：一个叫小志的学生，我发现他的脸很方正，属于电影里正面人物的样子，与"志"很有联系；一个叫小玲的女生，长得小巧玲珑，而且爱笑，确实有一种"玲珑"的美感，我一下子就记住了他们的名字。有些学生的外貌特征恰好与姓名相反，如一个叫小威的学生，身材矮小，一点也没有威武感，呵呵，名不副实，觉得幽默的同时，也就记住了他的名字。

（四）座位记忆法。迅速把学生的座位安排好，开个简单的班会，让每个学生自我介绍一下，然后对着学生座位表，每天到班上去点一次名，这样能通过记忆固定的座位号记住一大批学生的名字；还可以按座位表给每组照一张相，结合座位表和相片，随时随地巩固记忆；如果有必要，也可给每个宿舍的学生来张合影。作为班主任，你最好把这些照片送给每位科任老师，这样就能帮助他们尽快记住学生的名字。如果能把这些照片保存到学生毕业，再展示给他们看，又将是一份珍贵的礼物。

通过以上四个方法，相信不出几天，你一定可以叫出所有学生的名字了。

教师新形象

教师的仪容礼仪

仪容是仪表的重要组成部分，主要指一个人的容貌及面部的化妆和修饰。化妆与修饰可谓是人类文明的重要标志之一。而且，心理学研究也表明，外表的因素往往下意识地左右着人际关系的建立，一个拥有端庄仪容的人，很容易使人产生好感，并乐意与之交往。仪容端庄的基本要求是整洁、大方、自然、得体。

（一）个人卫生

教师的个人卫生反映着教师的精神面貌，将直接影响他在学生心目中的形象。教师应该有良好的卫生习惯，如经常洗澡、修剪指甲、理发、换衣等。另外，教师应有一套合理的生活习惯，要妥善安排自己的工作、学习、娱乐、休息和其他活动。这样做既可以保证自己具有旺盛的精力，促进身体的健康，又可以给学生树立一个良好的榜样。清洁是仪容美的关键和前提，讲究卫生并养成良好的习惯是最起码的要求：

1. 面部清洁

面部的清洁主要包括脸部清洁和口腔清洁。

（1）面部干净。

面部的干净即要求教师保持面部清洁、卫生。保持面部干净清爽，公认的标准是要使之无灰尘、无泥垢、无汗渍、无分泌物，无其他一切被人们视为不洁之物的杂质。为了保证脸部干净，每日早、中、晚要洗脸，同时要注意将耳朵和脖子上的污垢、油脂、汗渍等清除干净。男教师还应将胡子刮干净。显然，一名教师在同事和学生面前交谈时，若总是给人以风尘仆仆、蓬头垢面、体味厚重的印象，决不会令人愉悦，甚至会因此而让人生厌。

（2）口腔清洁。

口腔清洁是教师讲究礼仪的先决条件。要防止牙病，保持牙齿的清洁，要坚持早晚刷牙、饭后漱口。常规的牙齿保洁应做到"三个三"，即三顿饭后都要刷牙，每次刷牙不少于三分钟，每次刷牙的时间在饭后三分钟之内。

2. 头发整洁

头发的整洁包括三部分：一是头发的干净卫生，没有异味；二是教师的发型要适度；三是要每日将头发梳理到位，不能蓬松凌乱。

（1）头发保持干净卫生。

头发的干净，是要求人们养成周期性洗头的好习惯，通过定期勤洗头发，使之无异味、无异物。因为任何一个健康而正常的人，头发都会随时产生各种分泌物。此外，它还会不断地吸附灰尘，并且与其分泌物或汗液混杂在一起，甚至产生不雅的气味。所以，在一般情况下，至少要做到三天洗一次头发。夏日容易出汗，最好能做到一天一洗。倘若自己是油性头发，则应当两天左右洗一次。遇上某种特殊的情况，如刮大风等，应当随时洗头发，而不必拘泥于"定期"。参加一些比较正式的场合，尤其是参加自己有可能成为众人所注意的"焦点"的活动之前，最好专门洗一次头发，使之不给自己添烦加乱。体育教师、爱出汗的教师，则应该每天上课前特意检查一下自己的头发有没有怪味。

另外，爱掉头发、头屑过多的教师，每次出门之前都要对自己的头发加以精心的检查与梳理，并且要把头顶上、脸上、衣服上、眼镜上，特别是肩背上从头上散落下来的落发、头屑认真地清理干净，不然也会给人不洁的感觉。

（2）发型适度。

教师是一个特殊的职业，不像演员、体育明星、艺术家等职业，可以塑造很多怪异的发型。对于教师而言，选择发型的自由度要小得多。不论是男教师，还是女教师，都不准在自己的头发上搞花样。例如，不准留大鬓角、不准剃"阴阳头"、更不准在发型上没男没女，让人难辨性别。留什么样的发型，都应该适度，也就是说要考虑个人的年龄与脸型。如老年男教师，以"背头"发式为好，这种发型既与老年知识分子的气质相符，又可掩饰老年男教师凸鬓、谢顶的缺陷；而体胖、颈短、脸宽的中青年男教师则以平圆式、短长式发型为佳，这种发型可以使头部相应地显得长些；对于女教师而言，发型的限制相对宽松一些，高雅大方的烫发、时髦利索的削剪发都是不错的选择。但女教师一定要避免怪异的发型，过分夸张、不自然的染发也不适宜，大型花哨的发饰也不合时宜。

（3）头发整齐。

头发是一种自然的物质，经过很好的梳理，能给人以美的效果。头发处于人体的"制高点"，往往是他人的视线最先注意的地方，因而作为教师无论留什么样的发型，都不能使自己披头散发，蓬乱不堪。乱发散发不只影响自己的形象，同时也是对别人的不礼貌。所以，最好的办法是在自己剪好头发或洗完头发以后，用发胶或摩丝立即固定好发型，使其线条清晰、纹丝不乱。而不注意梳理头发的人，看上去要么一头头发杂乱无章，要么一丝一缕"不守规则"的头发破坏了发部的整体造型，往往只会给人以做事有始无终、大大咧咧的印象。

3. 手部的清洁

手，可谓是教师的"第二张名片"。所以对于手的具体要求主要有以下三点：清洁、不使用醒目的甲彩、不留长指甲。

（1）首先要注意常洗手。

手是与外界进行直接接触最多的一个部位，教师更是突出。捧教案、拿粉笔……教师的手时时刻刻都在学生的面前晃来晃去，所以教师一定要注意手部的清洁和卫生。另外，每次下课后因为粉笔的碱性较大，从健康的角度来讲，教师更应该常洗手，以避免粉笔对手的污染。

（2）涂抹指甲油。

对于教师而言，要求其整体形象优雅含蓄，所以涂抹彩色的指甲油是不允许的。当然为了保护指甲而使用无色的指甲油，则另当别论。

（3）不要留过长的指甲。

不要刻意蓄留过长的指甲，这样只会让人感到自己的手部不清爽，所以指甲最长不要长过自己的手指尖。修剪指甲时，对于教师来说最好将指甲修剪成椭圆形，因为过尖的指甲形状会削弱指甲的韧力而变得易折断。剪完指甲后，应用小锉刀将指甲边缘修饰光滑，绝不可以用牙齿去直接啃咬自己的指甲。

另外，要及时去除指甲沟附近的"暴皮"，它们实际上是手部接触脏东西之后的产物，因此让别人看到了毫无光彩可言。去除"暴皮"要注意千万不要用手去撕扯，要用剪子或指甲刀去修理，用手撕扯很可能会搞得指甲沟附近伤痕累累。

4. 衣服整洁

不管在什么情况下，教师的着装都应该整洁，避免肮脏或邋遢，不允许又皱又褶，穿衣前应该烫熨平整。教师的着装应当完好，不允许又残又破、乱打补丁。着装应该干净，不允许其存在明显的污渍、油漆、汗味等等。

清洁习惯的养成需要一个长期的过程，特别在一些细微之处更应该注意。下面是教师在日常生活中容易犯的一些禁忌，主要有以下四点：

（1）当众剔牙；口角有白沫；牙缝有食物残渣。

（2）当众剃须，或在人前一根一根地拔胡须；当众拔鼻毛，用手挖鼻孔；当众掏耳朵。

（3）口对着别人打喷嚏；嘴凑到别人耳边交谈；公众场合将脚伸出鞋外。

（4）用手搓身上的污垢；用牙齿啃指甲或在公众场合修指甲。

（二）教师的化妆

化妆，是一种通过使用美容用品来修饰自己的仪容、美化自我形象的行为。简单地说，化妆就是有意识、有步骤地为自己美容。对一般人来讲，化妆不是为了改变自己，而是在自然的基础上，扬长避短，从而使自己的容貌更加俊美。经过化妆后，人们大都可以拥有良好的自我感觉，身心愉快、精神振奋，从而在人际交往中，表现得更为开放、更为自尊自信、更为潇洒自如。不同行业、不同阶层的人，有不同的化妆风格。

而教师的职业，则决定了教师的形象也是一种巨大的教育资源和教育力量。因此，教师的化妆要遵循两个原则：一是美观，否则化妆的效果就适得其反；二是自然大方，否则学生的注意力就不会放在学习上，而是去研究教师今天的装扮了。

1. 化妆的基本原则

教师在工作岗位上。应当以淡妆为主，实际上就是限定在工作岗位上不仅要化妆，而且只宜选择淡妆这一化妆的具体形式。因此，有人将这一规定简称为"淡妆上岗"。所以，每天早上化了妆再去上班，其实也是工作的礼节之一。淡妆的主要特点是简约、清丽、素雅。具有鲜明的立体感。它既要给人以深刻的印象，又不容许显得脂粉气十足。总的来说，就是要清淡而又传神，其原则为自然、清新、优雅、整体协调。

2. 化妆的步骤

（1）洁面护肤。

根据肤质选用洗面奶清洁面部和颈项皮肤，水温不宜过高，可以早上用冷水，晚上用热水清洗。洁面后，涂上护肤类化妆品，如乳液、护肤霜、美容霜等；涂抹时要打圈按摩，一可以润泽皮肤，二可以起隔离作用，防止带颜色的化妆品直接进入毛孔，形成色素沉淀。

（2）上粉底霜。

粉底霜的颜色一定要匹配自己的真实皮肤色。上粉底霜的手法是将粉底抹在额部、鼻梁、下颌等处，由上而下均匀地涂抹整个面部，以使皮肤细腻、柔润。

（3）施定粉妆。

粉底霜上好后，可用粉饼蘸少量香粉由上而下均匀地轻轻抹在面部，起到定妆的作用。

（4）修饰眼部。

①要对着镜子设计与整个面部协调的化妆眼睛的方案。

②画眼线以增加生理睫毛的合理浓密程度，增强眼睛的神采。画眼线的原则是：宽形脸，眼线短粗；瘦长形脸，眼线细长。画眼线的方法是使用眼线笔紧贴睫毛由外眼角向内眼角方向描画，上眼线比下眼线重些；以一只眼睛的长度为准，上眼线从外眼角向内眼角画7/10长。

③涂眼影以表现眼部结构的整体风格。涂眼影时，贴近睫毛的眼角部位要重些，然后用眼影刷轻轻扫开。注意眼影色彩应与面部整体色彩相协调。

④卷睫毛使眼睛更多地受到光线照射而显得更加明亮。睫毛夹是一种常用的卷睫毛的工具，下面简单介绍一下如何使用睫毛夹。具体方法是将下颔微微回收，手肘上提，以毛根、中央、毛尖的顺序不断夹弯，使睫毛向上翘立。翘翘的睫毛可以使眼睛看起来更加有神。

（5）描画眉毛。

大概由于眉毛与眼睛在女性样貌中的突出地位，所以中国女子自古以来都把画眉作为最重要的化妆方式之一。李商隐的诗《无题》里说："八岁偷照镜，长眉已能画。"八岁的女孩子便已经偷偷地学着照镜描眉了，可知画眉在当时的重要性。中国画眉由来已久，《汉书·张敞传》曾记载："（张敞）常为妇画眉，长安中传张京兆画眉妩。有司以奏敞，上问之，对曰'臣闻闺房之内，夫妇之私，有过于画眉者'。上爱其能，弗备责也。"由此可知，早在汉代，画眉已经成为广为流行的化妆方法了，不仅女人会画眉，男人也会。男人画眉的始作俑者张敞，不仅没有因为这件颇具"小资"情调的闺房乐事而受皇帝的处罚，反而由此而被世人誉为"画眉京兆"，一时传为佳话。

（6）涂刷腮红。

面颊是流露真情实感的部位，是显示健康微笑的焦点。面颊红润，会给人留下生气勃勃、精神焕发的印象。为了使妆后的面颊显得自然、

红润，略施胭脂时，应从面颊下半部涂刷腮红。

（7）涂抹口红。

嘴唇是人身上最富于表情的部位。用来强调嘴唇的口红，包括有各式各样的色彩。我们化妆时，不可盲目追求潮流，必须选择适合自己肤色及衣服的颜色。

①涂唇膏之前，请对镜子说一声："Whisky"最后的一个"ky"音时，嘴唇所成的形状就是自然微笑的形态。这个时候嘴角对齐瞳孔，唇珠对齐鼻尖，这是一种极为均衡的形状。

②决定口角的位置之后，用唇笔画出嘴唇轮廓。其方法是从嘴角两边向中央描，先描好上唇的唇山、唇谷轮廓，再描下唇轮廓，线条要柔美，形状要丰盈。最后用唇刷或唇笔按照从上唇到下唇，从嘴角向唇中方向涂抹口红，用色比扮廓色稍淡些，按唇纹填涂，再用纸巾轻按唇部，使口红不会渗开。

③用唇膏涂上。嘴唇如果太湿润了，涂唇膏后的效果是不好的，必须先用化妆纸将水分和脂肪抹去，再涂上唇膏，这样会使嘴唇更感丰润而有光泽。

仪表礼仪

仪表，就是人的外表，包括服饰、着装和饰物等。而仪表礼仪则主要是指人在不同的社会活动中穿着服饰方面的礼节和规范。教师的仪表礼仪，是指在教师职业特点的影响下，在一定的教师职业道德的支配下，形成的教师仪表行为方面的礼节和规范。在周恩来总理的母校——天津南开中学门厅的大镜子上，赫然刻着这样的箴言："面必净、发必理、衣必整、纽必结、头容正、肩容平、胸容宽、背容直"，"气象：勿傲、勿暴、勿怠；颜色：宜和、宜静、宜庄"。这一箴言对学生的仪表、姿态提出了明确而具体的要求。周总理年轻的时候，将上述箴言作为自己的座右铭严格律己，从而为他日后形成完美的人格打下了良好的基础。中外人士在仰慕他有革命家的胸怀、领袖的气度的同时，无不对他整洁、庄重、美观大方的仪表叹为观止。教师职业所特有的"为人师表"的特征，从而更应该给大家呈现一个内在美与外在美兼备的完美职业形象。

（一）着装服饰的原则

1. "TPO" 原则

"TPO" 即英语 "Time"（时间）、"Place"（地点）、"Objective"（目的、对象）的缩写。这个原则的基本含义是要求人们在服装穿着上，必须适应具体的时间、地点和目标的要求，而不能自以为是。TPO原则是日本男装协会 *1963* 年提出的，其目的是推进男装"时装化"，后被广泛应用，成为着装的一个重要原则。这一原则自提出至今虽然已有将近半个世纪，但是依旧有很现实的指导意义。作为教师，更应该遵循这一原则。

"T"代表时间，在这里泛指早晚、四季和时代性，穿衣要考虑到这些因素。一年分为春夏秋冬四个季节，在每个季节都有相宜的服装，所以我们要按季着装。另外，着装要顺应时代发展的主流和节奏，我们不可超前，也不可过于滞后。魏书生的《班主任工作漫谈》中谈到了这一问题：原来我提出教师服装应俭朴。我的一件蓝平纹衣服，洗了一水又一水，式样是中山装，在工厂已穿了两年，到学校穿了 *4* 年，蓝色已褪成灰色，领、袖、兜盖处还磨成了白色。有同学说："老师，衣服这么旧了，您到各市去开会，该换一件了。"

"穿这样的衣服有什么不好？不是很俭朴吗?"

"反正我们觉得不太好，都八十年代了，俭朴过分，就像给社会主义掉价似的。"

给社会主义掉价（北方话，大致指降低威信的意思），我还是第一次听人这么说。细一想，也有理，社会发展了，时代进步了，人们生活水平提高了，还总穿五六十年代的衣服、穿下乡劳动时的衣服，显然不合时宜，不仅给社会主义掉价，也给教师这个职业掉价。

我也感到自己在这个问题上想得太简单了。*1982* 年 *8* 月 *1* 日，我结婚时穿的"礼服"，上衣是穿了两年多的白衬衣，裤子是一条以前花 *10* 元钱买的灰裤子。那时受"越穷越革命"的思想影响很深，宁肯花几百元买书送给学生，也不肯花几十元买件衣服。

学生一批评给社会主义掉价，我才慢慢转变观念，逐渐觉得，穿得太落伍，也是给自己掉价。于是开始穿质地好一点的衣服。

1987 年，我到香港考察前买了一套西服，并且第一次打了领带。

已毕业的学生见了我说："老师这回更新换代，跟上形势了。"听了这话，再看看这身衣服，自我感觉确实比过去穿那褪色的衣服好一些。

所以，作为教师也有必要注意自己的服装是否符合时代的潮流。

"P"代表地点，主要指着装要符合将赴的空间环境。一般而言，每个人所处的具体环境均可分为上班、社交和休闲三类。对于教师而言，在学校的时候，比较适合穿制服、套裙、套装等相对正式的服装；在没有学生的社交场合，教师则可以讲究时尚，展现个性；而在休闲场合，教师更是可以根据自己的个性和兴趣爱好，选择轻松、随便的装束。比如：参加毕业生典礼、同学聚会、联欢晚会等活动，教师服装则要新颖、大方、色彩亮丽一些，尽量让发型也有一些变化，以符合活动的氛围。

"O"代表目标和对象。服饰是一种有特殊意义的交际语言，能传达特定的信息，要根据不同的交际目标，以及具体交际对象的需要，选用不同的服装。

2. 协调性

古希腊认为"和谐就是美"。服饰的美要达到和谐的视觉效果，人们就应惜守选择与穿戴的协调性原则。

（1）要与社会角色相协调。

在社会生活中，每个人都扮演着不同的角色，每个社会角色都有不同的社会行为规范。教师作为"塑造人类灵魂的工程师"这一角色时，就应该严格按照教师的服饰规范来装扮自己。正如意大利的著名影星索非亚·罗兰指出的"你的衣服往往表明你是哪一类人物，它代表你的个性。"教师的服饰是教师仪表的重要方面，也是教师精神面貌的直接体现，对学生会产生重大影响。虽然教师没有统一的服装，但在具体穿着时，还是要非常慎重。

（2）与穿戴者自身条件相协调。

人们追求服饰美，必须充分了解自身的特点，只有这样，才能达到扬长避短的目的。比如，有的教师体形比较丰满，那么尽量选择小花纹、直条纹的衣料，而且最好是冷色调，以达到瘦的效果；在款式上，对于体形偏胖的教师来说，要力求简洁，中腰略收，后背扎一中缝为好，而不宜采用关门领，以"V"字领为佳；体形较瘦的人，则应该选择色彩鲜明、大花案以及方格、横格的衣料。给人以宽阔、健壮的视觉效果。

（3）与穿戴者的年龄相一致。

在穿着上，教师一定要注意着装应该与自己的年龄相协调。不同年龄的教师，有不同的穿着要求。年轻的教师应穿得鲜艳、活泼，相对随意一些，这样可以充分体现出青年教师的朝气和蓬勃向上的青春之美。而中老年教师的着装则要注意庄重、雅致、整洁，体现出成熟和稳重，透出那种年轻人所缺乏的成熟美。因此，无论是年轻还是年老，只要穿着与自己的年龄相协调，都可以现出独特的美来。

3. 整体性

服饰作为一种艺术，有着与艺术所共有的规律，这就是形式美的规律。整体性原则是形式美的重要规律之一。培根说过"美不在部分而在整体"。在我国先秦时代，也有这样的训诫，《东周·列国志》记载：燕太子丹为了让卫国人荆轲为他去刺杀秦王，对荆轲几乎到了巴结的地步。有一次，太子丹陪荆轲共乘千里马，荆轲不经意说了一句"千里马肝美"，太子丹即刻命人杀马取肝献给荆轲。又有一次，太子丹与樊龄期设酒宴请荆轲，席间令一美人鼓琴，荆轲看到美人玉手玲珑，赞曰"好手也"，太子丹竟然又叫人斩下美人玉手，盛在玉盘里进呈荆轲。看完这则典故，我想呈现在大家眼前的早已不再是美人和千里马，而变成了血淋淋的人手和马肝。可见，离开整体的部分很难再称其为美。

所以，正确的着装一定要注意服饰的文化内涵，服饰的内在逻辑，风俗习惯，东西方文化与审美的差别，注意着装服饰的系统性，整体考虑，精心搭配。着装时要使各个部分不仅要"自成一体"。还要相互呼应、配合，在整体上尽可能地显得完美、和谐，恪守服装本身约定俗成的搭配。例如：有的男教师在操场上活动课时，穿着西装，上衣扎着领带，下身却穿着运动裤、运动鞋，显得不伦不类；还有的男教师在开家长会的时候，穿一身运动服，往往容易使家长暗地里嘀咕，这位教师的文化修养到底如何。因此，教师在着装服饰的搭配上一定要遵循整体性的原则。

（二）着装礼仪

伟大的戏剧家莎士比亚说："服装往往可以表现人格。"可见，服装就是一面镜子，人们通过着装可以判断一个人格调情趣的高低。服装又是一种文化，是一种无声的语言，如何着装从一个侧面可真实地传递出一个人的修养、性格、气质、爱好和追求，反映出一个人的思想修养和精神风貌。因此，教师要在符合时代着装潮流的基础上，遵循一定的着装原则，掌握一定的着装技巧，穿出自己的品位与风格。日本著名的"推销大王"齐藤竹之助在他的自传体畅销书《高明的推销》中说："服装不能造出完人，但是初次见面给人印象的*90%*产生于服装。"由此可见，着装对于人的重要性。

1. 女教师的着装礼仪类型

（1）西服套裙。

女式西装配西装裙的职业装更能显露出女性的高雅气质和独特魅力。西装上衣应做得长短适中，以充分展现女性腰部、臀部的曲线美。如果配裤子，则可将上装做得稍长些。无论配裙子或裤子，一般采用同一面料做套装，使得整体感强。西装的"V"字领要高低适中，胸围和腰身都不要有紧绷的感觉。前襟不翘，后身不撅，前后身处在一个水平线上。女教师的西装款式多样，要根据自己的年龄、体型、皮肤、气质等来选择，同时也要讲究皮鞋、袜子、皮包、发型等与西服的配套与协调。

（2）连衣裙。

裙装最能体现女性的体态美。在一般的社交场合，女性可以穿连衣裙或穿中式上衣配长裙。夏季可穿长、短袖衫配长裙或者过膝裙。在宴请等正式社交场合，一般要穿长裙，至少要长过膝盖，不应穿长裤、牛仔裤、超短裙或吊带裙。

（3）两件套裙。

这种套裙与西服套裙的穿着基本上是一致的，也要注意根据自己的实际情况去选择。要注意的是，女教师穿上套裙后，站立时不可以双腿叉开，就座时切忌双腿分开过大、跷起一条腿或抖动脚尖。

女性的鞋袜在西方被称为"脚部时装"和"腿部时装"，颇为重要。在正式或非正式场合，女性一般穿黑色半高跟鞋，不要穿跟太高、太细的高跟鞋，以免走路时步伐不稳，影响形象。穿西装不能穿旅游鞋、布鞋和凉鞋。否则，会被视为不懂礼仪，缺乏教养。在正式场合穿裙装，不穿袜子是不礼貌的。女士的裙子则应当配以长筒的丝袜或连裤

31

袜，颜色以肉色、黑色最为常用，修长的腿可以穿透明丝袜，腿太细可穿浅色丝袜，腿较粗则适宜穿深色的袜子。

总之，对于女教师来说，着装应遵循简约原则，任何烦琐冗杂的服饰都不适合。教师代表着睿智和练达，简单大方的服饰不仅不会吸引学生不必要的注意力，也有益于学生从小形成正确的审美观。中小学阶段是最善于模仿的时期，老师在学生心目中一般都享有较高的权威性，是学生最爱模仿的对象之一。一个称职的教师绝不会放过对学生哪怕是一点"此时无声胜有声"的教育机会。另外，教师的服饰色彩应该以明快、温暖为主。现代都市的白领丽人服饰一般以灰、黑、蓝为主色调，这几种色彩却不一定适合中小学的教师。研究表明，儿童乃至青少年，对明快、温暖的色彩特别感兴趣，所以白、苹果绿、柠檬黄、天蓝、粉红、湖蓝、橘黄等颜色是女教师的首选，以增加对学生的亲和力。

2. 男教师的着装礼仪类型

（1）西装的穿着。

西装是一种国际流行、经久不衰的服装，是男性服装中最受欢迎，也是最耐看的一种。它的款式美观大方，穿起来显得稳重、潇洒。因此，西装往往是男性教师出席正式场合的首选。

①男教师对于西装的选择除了要合体之外，也要考虑西装的面料、颜色、图案及款式。

a. 西装属于礼服，一般要求在正式场合穿着，因此对西装面料的要求也比较高。高档西装应选择纯毛料或含毛量较高的毛涤织物，这些面料具有挺括、舒软、有弹性等特点。化纤面料只适宜做普通西装或休闲装。

b. 西装的颜色则以藏蓝色为佳，它给人以凝重、真诚、精明的感觉。另外，也可以选择灰色，浅灰色适合年轻的男教师穿；深灰色适合年龄大些的人穿。还可以选择黑色或白色，黑色服装宜在各种仪式上穿，白色服装宜在社交活动中穿。至于其他颜色，如红、橙、紫、花色等，只能用来做休闲装，在非正式场合穿着。

c. 就西装的图案而言，一般宜选择无图案的面料，有时可以选择隐形细竖条的。花点、方格等图案不宜做正装，只适合做休闲装。

d. 从西装的款式来讲，在国际上有欧式、英式、美式、日式四种不同的款式。而在我国人们习惯将西装款式分为双排扣、单排扣两种，具体可根据自己的喜好、身材特征、工作性质等加以选择。

②男教师在穿着西装时也要注意一些问题，因为西装是一种国际性服饰，自然有一套约定俗成的规范和要求，如果穿着不当，不仅影响自己的形象，对别人也是一种失礼的行为。

a. 西装的长度应以垂下臂时，衣服下沿与手指的虎口处相齐，袖长应在距离手腕处 1 ~ 2 厘米为宜。西装穿着后，其前襟和后背下面不能吊起，应与地面平行。裤子的长度以裤脚接触脚背为妥。

b. 西装的领子应紧贴衬衣领，并低于衬衣领 1 厘米。这样既可以起到保护西装领子的作用，也可以显示出穿着的层次。

c. 穿西装时，扣子的扣法非常讲究。双排扣西装，正规场合时应将扣子全部扣上；单排扣西装：一粒扣西装扣子可以扣也可以不扣，两粒扣西装扣上边的一粒；三粒扣西装扣中间的一粒。

d. 西装的上衣口袋是放折叠好的装饰手帕的，其他东西不宜放入。两侧的口袋也只是装饰用的，不宜乱装物品，以免西装变形。裤子两边的口袋也不宜多装东西，以求臀围合适、裤形美观。

e. 正式场合穿西装，一定要内穿单色衬衣，最好是白色衬衣。衬衣的领子大小要合适，领头要挺括、洁净，衬衣的下摆要塞在裤子里。领口的扣子要扣好，若不系领带时应不扣。衬衣以淡薄为宜，衬衣内不宜再穿其他衣物，以免臃肿。

f. 穿西装一定要打领带，否则让人觉得有所欠缺。佩戴领带时，除了要注意选择质地、款式、色彩、图案等几个要点外，还要掌握领带的系法。领带结大小要适中，造型要漂亮。领带的长短要得当，其最佳长度为领带的大箭头应正好抵达腰带扣，过短、过长都不雅观。

g. 穿西装对鞋和袜子也特别讲究，男教师宜穿中筒袜，在坐下谈话时不会露出腿上的汗毛。袜子的颜色应以深色为主，也可以与裤子或鞋子的颜色相同。袜子要整洁，不允许有异味和破洞。鞋要穿皮鞋，颜色以黑色为主，要经常保持皮鞋的洁净和光亮。

（2）中山装的穿着。

中山装是中国现代服装中的一个大类品种。其上衣的左右上下各有一个带盖子和扣子的口袋，下身是西裤，这是辛亥革命后流行起来的服装，以伟大的革命先行者孙中山做临时大总统时穿用而流行于世，故称中山装。毛泽东主席对"中山装"很欣赏，他一直坚持穿中山装，因而国外朋友又称中山装为"毛式制服"。它具有我国民族的特点，穿着简便、舒适、挺括，在民国 18 年制订国民党宪法时，曾规定一定等级的文官宣誓就职时一律穿中山装，以表示遵奉先生之法。

中山装做工比较讲究，领角要做成窝势，后过肩不应涌起，袖子同西装袖一样要求前圆后方，前胸处要有胖势，四个口袋要做得平服，丝缕要直。在工艺上可分精做和简做两种：前者有夹里和衬垫，一般用做礼服和裤子配套穿用；后者不加衬料，适合于日常作便服穿用。中山装的优点很多，主要是造型均衡对称，外形美观大方，穿着高雅稳重，活动方便，行动自如，保暖护身，既可做礼服，又可做便装。但其缺点是领口紧、卡脖子等。中山装素以其特有的沉着老练、稳健大方的风格吸引了广大的中老年人和海外华人的青睐，尤其是知识分子仍然视中山装为自己的日常服装。在穿着时，要注意将中山装所传递出的意蕴与其人生态度相吻合，要把风纪扣弥合。有人图一时的舒适而敞开领扣，这样会使自己在众人眼里显得不伦不类，有失风雅和严肃。

另外，中山装的色彩很丰富，除常见的蓝色、灰色外，还有驼色、黑色、白色、灰绿色、米黄色等。一般来说，南方地区偏爱浅色，而北方地区则偏爱深色。在不同场合穿用，对其颜色的选择也不一样，做礼服用的中山装色彩要庄重、沉着，而做便服用时色彩可以鲜明、活泼些。对于面料的选用也有些不同，作为礼服用的中山装面料宜选用纯毛华达呢、驼丝锦、麦尔登、海军呢等。这些面料的特点是质地厚实，手感丰满，呢面平滑，光泽柔和，与中山装的款式风格相得益彰，使服装更显得沉稳庄重；而作为便服用的面料，选择相对灵活，可用棉布卡其、华达呢、化纤织物以及混纺毛织物。

（3）便装的穿着。

便装指平常穿的衣服，使用范围广泛，根据不同的用途和环境，便装又分为很多种。在很大程度上受流行服饰的影响，便装是时装的重要组成部分。每个人都可根据自己的爱好及客观条件去选择各种式样，但穿着时一定要注意到它是否符合将要去的环境和氛围。

仪态礼仪

仪态举止，指的是人的身体姿态与行为举止，包括人的站、立、行的姿势，以及手势和表情等。由于它具有传情达意的作用，语言学又称其为"体态语"。各种体态都在有意无意地反映着人们的思维活动，比如张开双臂、抚摸、微笑、点头等，都带有某种特定的意义。培根曾说："相貌的美胜于色泽的美，而秀雅合适的动作美，又胜于相貌的美，这是美的精华。"体态语言大师伯德惠斯戴尔通过研究表明，在人与人之间的沟通过程中，有65%的信息是通过体态语传递出来的。用优美的体态表现礼仪，比用语言更让对方感到真实、美好和生动。

教师仪态美的基本要求是端庄、自然、大方、稳健。

（一）体态礼仪

体态是指身体的姿态。构成体态的基本要素是站、行、坐、蹲、卧。教师的体态是沟通师生的重要信息途径，教师要努力做到：站有站相、坐有坐相、走有走相，充满自信和生机，举止大方稳重，神情亲切自然，风度潇洒自如，有效地表达师生交往中的真情。教师的体态除了应遵循一些基本的站、行、坐等姿态外，在一些特殊的场合，如教室、办公室、集会、阅览室等，还有一些特殊的要求。苏联教育家马卡连柯说："高等师范学校应当用其他的办法来培养我们的教师，如怎么站，怎么坐，怎么从桌子旁的椅子上站起，怎么提高声调，怎么笑，怎么看待细枝末节……这一切对教师来说都是必要的，如果没有技巧，那不能成为好教师。"这些话告诉我们，教师个人的举止行为，不是无关紧要的个人私事，而是教师具备所从事职业的技能和事业成功的保证。

1. 站姿

站姿是仪态美的起点，又是发展不同动态美的基础。良好的站姿能衬托出美好的气质和风度。

（1）教师站姿的标准。

好的站姿，应该做到直立、挺胸、收腹，给人以端正、稳重、自然、亲切之感。

①抬头，头顶平，双目向前平视，嘴角微闭，下颌微收，动作平和自然。

②双肩平行、放松、稍向后压，使人体有挺拔向上的感觉。

③曲干挺直，直立站好，身体重心落于两腿正中，防止重心偏左或偏右，做到收腹、挺胸、立腰。

④双臂自然下垂，放在身体两侧或放在身体前面。

⑤双腿直立，两脚并拢脚跟，两脚尖张开的角度在45～60度之间。

标准的站姿，从正面观看：全身笔直，精神饱满，两眼正视，两肩平齐，整个身体都显得庄重而挺拔。教师的站功是必备的，尤其是对于女教师而言，这是锻炼和展示身材的机会。站立时应该身体稍侧，前脚尖向前，后脚跟摆成45°斜角，胸挺起，腰椎骨挺直，腹部和臀部都尽量向内收缩。教师在讲课时，一般要左手拿课本，右手拿粉笔，需要双手做动作时，不要五指分开、胳膊伸直，动作要稍微有些含蓄。

（2）不同场合教师要有不同的站姿。

①学生回答问题时，教师的站姿应该是微微前倾。这种姿势表明教师对学生说的话感兴趣，也表明教师的注意力都集中在学生的身上，没有走神，从而增加了教师的亲切感。

②教师在讲课或演讲时，两脚脚跟落地，站稳、站直，胸膛自然挺起，不要耸肩或过于昂着头。为了减少身体对腿部的压力，减轻由于较长时间站立，双腿产生的疲倦，可以用双手支撑在讲台上，两腿轮流放松。而且教师讲课的站位，不一定要固定在讲台上，教师可以适当地到学生座位附近巡视、站立。

2. 坐姿

教师的坐姿，是一种静态的造型，是教师体态美的重要内容。坐分端坐、斜坐、跪坐、盘坐等，不同国家的生活方式和风俗习惯，各有要求。跪坐是日本和韩国家庭生活的基本姿势，而中国和国际上通用的却是端坐。教师端正优雅的坐姿，能给学生以端庄、高雅、稳重、自然的美感，从而提高教学效果。

（1）教师的坐姿标准。

教师入座时，动作要轻盈和缓，从容自如。走到座位前，转身后再轻稳地坐下。落座的声音要轻，不要猛地蹲坐，劈啪作响。落座的动作要缓和温柔，若又急又猛，如同跟别人抢座位。特别是忽地坐下，腾地而起，如同赌气，造成紧张气氛。另外，女教师入座时，若着裙装，则应该用手将裙稍拢一下，不要坐下再站起来整理衣裙。

落座在椅子上，应坐满椅子的二分之一，不要超过三分之二。脊背轻靠椅背，保持上身的正直，不要耷拉肩膀，含胸驼背，这将给人以萎靡不振的形象。当然，也不要像立正那样过于紧张，像僵了似的。正确的坐姿要求上身自然挺直，两臂屈曲放在桌上，或小臂平放在座椅两侧的扶手上，也可放在双膝上，或两手紧握放在膝上。两手叉腰、两臂交叉在胸前、摊开放在桌上、摆弄手指头、将手里的扇子不停地晃动、把手中的茶杯转来转去、一会儿拉拉衣服、一会儿整整头发，都会破坏坐姿。

另外，两腿的摆法也是不可忽视的。两腿笔直前伸、两膝分得太开、两脚并拢而两膝外展，这些都会显得粗俗不雅。还有许多男教师，半躺半坐、跷二郎腿，都会给人以放肆、没有修养之感。

总之，教师的坐姿应上半身挺直，头部抬起、挺胸、双腿合拢。如果伏案提笔时，双腿的膝盖不可分开，背部必须挺直，不能趴在桌上，胸与桌子保持一拳的距离。

（2）谈话时要根据不同的场合选择不同的坐姿。

①在比较严肃的场合谈话时，要正襟危坐，要求上体挺直，臀部落座在椅子的中部，双手放在桌上或腿上或将一只手放在椅子的扶手上。脚可以并拢，也可以并膝稍分小腿或并膝小腿前后相错、左右相掖。

②倾听领导或前辈的教导、指点时，对方是长者、尊者，所以姿势除了要端正外，还应该坐在椅子的前半部或边缘，身体稍向前倾，以示对对方表现出一种积极、迎合、重视的态度。

③与学生在办公室谈话时，教师上身要微微前倾，眼睛平视学生，面带微笑，让学生感到亲切、真诚。

3. 行姿

人的走相千姿百态，没有一成不变的固定模式，每个人都有表现自己个性的步态。有的人步伐矫健、端正、自然、大方，给人以沉着、勇敢、无畏的印象；有的人步伐轻盈、敏捷，给人以轻巧、愉悦、柔和之感。但也有一些人行走时，摇头耸肩、左右摇动、弯腰弓背等等，这是需要纠正的。而作为一名教师，从教室外走向讲台的姿态，常常是教学留给学生的第一印象。因此，教师矫健的步伐，往往给学生一种昂扬强劲的美感。教师在课堂上来回走动也是必不可少的，所以走路的姿势。对教师而言是非常重要的。

（1）教师标准的行姿。

标准的步态应该是自如、轻盈、矫健、敏捷的。

①起步时，身体略向前倾，全身的重量落在脚掌的前部。

②行走时，应该目视前方，身体挺直，微收下颌，面带微笑。双肩自然下垂，两臂前后摆动自如协调。前摆约为 *35°*，后摆约为 *15°*，手掌朝向体侧。

③走路时，腿要直，两膝之间不要留空隙，还要保持膝关节和脚尖正对前进的方向，脚尖向外成外八字脚或向内成内八字脚，都是应该避免的。脚尖应该向正前方伸出，两只脚的内侧落地时踩在一条直线的线缘上，脚尖偏离中心线约 *10°* 左右为宜。

④行走的步子要大小适中，步履均匀、坚定、自然、稳健而有节奏，着地时重力要一致。一般来说，应该是前脚的脚跟与后脚的脚尖相距为一脚之长，因性别和身高有些许差异，男性的步幅可以大些。行走时，步态要轻盈，古语有云："相期更看水流处，步履未倦夸轻翩。"男教师的步伐频率约每分钟 *100* 步，女教师的步伐频率每分钟约为 *90* 步。脚步要干净利索，有鲜明的节奏感，不可以拖泥带水。这样，男教师的步伐才会矫健、稳重、刚毅；女教师的步伐才会显得轻盈、柔软、贤淑。

（2）不同场合的行姿。

在不同的场合下，教师都要注意不同的行姿：

①教师走进教室，脚步要稳健、从容，脸侧向全体学生，面带微笑。如果带有书籍等教学材料，女教师应用左臂弯曲托于左前胸下方，男教师则可以手臂垂直握于身体一侧。另外，教师在教室内走动时，脚步要既轻又慢，步履要轻柔，身正腰直，目光巡视，适当停留。注意教师教学过程中，走动不要过于频繁，速度也不能过快，否则会造成学生的视觉疲劳，分散学生的注意力。

②教师在校园行走时，一般情况下，女教师的步伐不可太快、太大或太慢、太小，尽量适中，两手自然摆动，腰和屁股不要东摇西摆，从而使自己保持女知识分子应有的高雅气质。男教师在校园内走动时，特

别要注意不要拖着鞋走或者是穿着拖鞋行走。

③上下楼梯时，教师上身要保持正直，身体及腿部稍呈倾斜状，除了脚部以外，身体的平衡力不要向后倾。

（二）教师的表情礼仪

教师在课堂中的表情有三种：严肃、微笑和赞许。这三种表情若能运用得当，会给教学工作带来较大的促进作用。教师要注意根据教学内容的需要而适当变换眼神、手势、面容、声调、体态等，表明自己对真善美的褒扬、对假丑恶的贬斥，以此来启迪学生、引导学生、感染学生，培养他们求真、向善、爱美的品德。

在讲课时，教师的面部表情要庄重而亲切，目光要温和而慈祥，步态手势要稳健而有力，要随时注意观察学生的反应，倾听学生的意见，与学生进行交流沟通。在进行提问时，可轻轻皱眉，以表示思索；当学生的答非所问，不专心听讲时，缓缓摇头，以表示疑问；当学生的回答令人满意时，点头赞同，表示鼓励；当学生不能回答，出现冷场时，则示意学生安静，认真听讲。不要唾沫横飞，自顾侃侃而谈；不要东张西望，给人产生魂不守舍的感觉；也不要呆若木鸡，一副若无其事的样子；更不能手舞足蹈，像个跳梁小丑似的。此外，教师还要努力改掉举止、姿态上的一些不良习惯乃至怪癖，比如讲课时搔首抓耳、与学生相处时勾肩搭背、翻书时用手指放在口中沾唾沫、站在讲台上不停地抠鼻子、玩粉笔等等。因为这些"教态"会贬低教师的形象，引起学生的哄笑或者厌恶，削弱教师在学生心目中的威信，降低教育效果。所以，教师在教学过程中一定要注意自己的表情礼仪，这样才会起到事半功倍的教学效果。

1. 目光

我们平时经常说，眼睛是心灵的窗户，眼神就是表达心灵的一种方式。教师的眼神则是打开学生心扉的钥匙。她蕴含着一种关爱、一种期盼、一种愠怒，在教育教学过程中有着独特的作用。教师用好自己的眼神，那会比粗暴的批评更有效。

教师运用眼神的主要方式有注视和环视。环视一般用于观察全体学生的心理状态和情绪反应，满足学生希望得到教师注意的心理需要。注视一般用于关心个别学生，期望引起学生的注意，它可以表达许多特定的感情。如坚定、坚信、鼓励、启发等。眼睛注视学生的区域，一般是学生眼睛到嘴巴的"三角区"，标准注视时间是交谈时间的30% ~ 60%，称为"社交注视"。

教师合理运用眼神的要领是：把目光放虚一点，不要凝视某人或将目光盯在教室的某一侧，而是将目光罩住全场。但要注意，当教师讲话出现失误被学生打断或学生中出现突发事件打断教师讲课时，教师不能投以无所谓的眼神或投以鄙夷的目光，而应投以积极关注的眼神。

教师要善于运用不同的眼神，来达到不同的教育效果。

（1）关爱的眼神。

每个学生都想得到老师的关心、爱护。上课时、下课后、活动中，老师都应该毫不吝啬地给学生关怀的眼神，这种眼神是一种关心之情、一种爱护之情。一个小小的眼神也许会使学生不胜感激、兴致高涨。例如，当有的学生病了，跑来告诉老师，也许他的病不至于上医院，他只想要得到的就是老师的关怀，这时老师除了细心的询问外，眼睛里饱含的应该是关怀的眼神，那会比医生的药还要来得灵验。

（2）鼓励的眼神。

这种眼神里所含的"情"应该是一种期盼之情、一种鼓励之情。在实际的课堂教学中，学生常常会有回答不出来或者不敢举手回答的时候，此时不能简单地训斥，也不宜立即将答案告诉学生。给他一个鼓励的眼神，一个期盼的眼神，或许会是另一片蓝天。课间，当学生磕磕碰碰，哪儿摔伤了，眼泪在眼眶中打转的时候，这时，老师把一个鼓励的眼神送给他，他会把眼泪咽下去，表现得自己很勇敢，这点小伤痛算不了什么。

（3）批评的眼神。

在高喊素质教育的今天，我们的确不能也不必去体罚学生。有些老师常抱怨：不能打不能骂，怎么能教育好学生？现在的学生可难教了。那么，你为何不能试试你的眼神呢？它有时可比体罚更重要。当学生犯错误时你可以给他一个愠怒的眼神，一个责怪的眼神，学生定会在这种无声的批评中羞愧于色，此时的教育效果不言而喻。当老师的眼神透露给他的是一种责怪，他会从老师的眼神中明白自己该怎么做了。

（4）制止的眼神。

当一些学生不明白自己的言行对或错时，这时，教师给一个制止的眼神，学生会心领神会，从而明白自己的行为是不合理的、是老师所不赞成的。如某班的胡钮小朋友，因为是半个聋哑人，说话口齿不清，当她回答问题时，别的小朋友常会忍不住笑出声来，这时，老师常常用制止的眼神来表达他对同学们做法的不满，学生看到老师的眼神，马上不笑了或是捂住了自己的嘴。

（5）赞许的眼神。

当学生的言行值得肯定的时候，老师一个赞许的眼神，往往会让学生高兴半天，这会比让他吃了糖感觉还甜。上课时，学生的坐姿、学生的发言等，都会成为老师赞许的对象。其他学生循着老师赞许的视线，也会自然而然地向被赞许的学生学习。

当然，教师的眼神还有许多功能，就看教师如何演绎，使她焕发出更大的魅力了。

2. 教师的面部表情

教师的面部表情有很多种，不同的表情会带给学生不同的心情。所以，教师要善于运用自己的面部表情，做到训练有素，收发自如。

（1）微笑。

微笑是教师在教育过程中最重要的一种体态语，它在师生交往中拥有无穷的教育魅力。有一位教师在谈她从教多年的体会时说，教师爱学生的方式可以多种多样，然而微笑却是必不可少的。它是一种真情的流露，是用语言无法替代的。没有它，再好的教育方法也是苍白无力的。

微笑能活跃课堂气氛，提高教学质量。如果教师从上课到下课一直板着面孔，那这堂课一定是死气沉沉的。如果老师能面带微笑，这样学生就会感觉到老师的和蔼可亲，心情自然就会放松，课堂气氛就会迅速活跃起来，学生的思维也随之敏捷起来，接受能力也会加快增强，教学效果也会明显提高。

（2）严肃。

严肃的表情可以起到稳定课堂秩序的作用。课堂教学是一种较灵活的艺术活动，也不能一直微笑，否则，有些调皮好动的学生会胡叫乱喊，这样便影响了正常的课堂教学秩序。所以遇到具体的课堂情况要具体运用。再者，如果课堂中的一些重点内容，也需要用严肃的表情和较重的语气，这样才能达到一个好的效果。

（3）赞许。

赞许的表情可激发学生的上进心，促使学生更加勤奋努力。赞许是一种肯定、满意；一种鼓励、希冀。这种表情运用恰当，能极大激发学生学习的积极性和主动性，增加他们克服困难的勇气和信心，使教学工作收到意想不到的效果。如，一个班里曾有一名差生，不善言辞。发现他这种情况后，老师在课堂上有意识地捕捉他的目光，不论他是否回答问题，老师常以赞许的表情与他交流对视。一段时间后，效果出现了，这名学生学习成绩很快上去了。后来，他在一篇作文上这样写道：课堂上，老师充满鼓励的表情和热切的注视，让我惭愧，我一定努力学习，不辜负老师的期望……由此，老师应更进一步地认识到赞许表情的作用，班里的学生大部分都性格活泼、积极自信，学生整体成绩也有了较大提高。

3. 手势语

手势语是指一个人表示意思时，用手所做的姿势。它比姿态语的幅度要小，是体态语中动作变化最快、最多、最大的，而且具有丰富的表达力。人们有沉默不语的时候，却很少见到手部完全僵直不动的情景。弗洛伊德说："没有一个凡夫能守秘密。"就是说，一个人尽管能很好地控制语言，面部表情也显得若无其事，但他的一些下意识的姿势动作会把心中的秘密表露出来。

手势语是教师通过手和手的活动所传递的信息。包括教师招手、摇手和手动等动作。手势语为教师表意增加了感情色彩，使教师的语言更加富有感染力。它不仅有强调、示范的作用，还能比言语更清楚地鼓励或制止学生的行为。例如：食指放于唇前表安静；竖起拇指表很好、赞同等，这些课堂上手势的运用有效且不会干扰教学的流程。

（1）老师常用的手势语分类。

①指示性手势语。指明教学内容中人、事、物的数量及运动方向等，它基本不带感情色彩，用以描述、示意和说明。教师运用事物或图画进行教学时，常结合手势语帮助提问。如：教师的手臂前伸，手

心向上或向下，示意学生起立或坐下；右手手掌竖起，示意学生举手发言。目的鲜明的手势能使整节课环环相扣，自然过渡。

②演示性手势语。此类手势语演出教学内容，帮助学生理解。主要用以使抽象的感情具体化，使学生易于领悟教学内容的思想感情。

③指挥性手势语。此类手势语的特征在于指挥学生活动，用于在教师指挥下演示教学。这种手势相当于乐队指挥手中的指挥棒，代替有声语言对学生进行直接的提示、指挥。

④象征性手势语。它是用来描摹人、物的形和貌。

（2）教师使用手势应遵循的原则。

①内容需要。手势必须与教学内容相辅相成，融为一体。明明讲的内容平静恬淡却非要来个激昂的手势，只能有害无益。

②自然流露。手势不是附加于演讲内容的装饰物，而是感情表达的一种辅助方式，要与内容水乳交融。为手势而手势只能给人一种生硬的感觉。

③协调得体。上课不是表演，但手势对塑造教师形象，帮助学生理解内容，阐发作品精髓，营造良好氛围有着重要作用。为了使手势和谐、自然、得体，教师业余时间可以有意识地下点儿工夫，练习一些常用手势，如仰手式、手切式、手剪式、手推式、挥手式、掌分式、拳举式，等等。

（3）教师手势语的禁忌。

教师在讲课时，忌讳用手指点人、敲击讲台或做其他过分动作，切忌故弄玄虚、哗众取宠。另外，教师的双手不能无规律地乱动，特别是说话时，指手画脚，幅度过大，这种手势只能给人不稳重的感觉，会降低言语的感人程度。有些教师在讲台上，经常无意识地搓手、抠指甲、玩弄粉笔和衣扣……这种手势将教师的紧张心态暴露无遗，因而一定要有意识地加以克制。教师在讲台上经常抬起手腕看表；有的女教师习惯性地拢头发；男教师则喜欢将手插在裤兜里……这些都是作为教师应该避免的手势语。

教师手势贵在精简，切忌泛滥；贵在变化，切忌死板；贵在文雅，切忌粗俗；贵在通盘考虑，切忌一头紧一头松。

（三）风度礼仪

教师的风度是教师仪态行为的核心。风度是外在的衣饰容貌、言谈举止所反映出来的仪态或风姿与内在的品格情操和精神风貌所形成的风采或风格的和谐统一。因此，教师风度的展现，首先要求教师的内在美与外在美要协调一致。所谓教师的风度，虽然没有一个确切的定义，但是许多人认为风度具有动态性、美感性和外在性的特征。翩翩风度来自个人的修养，主要有以下几个方面：

1. 思想情操修养方面

教师首先应当使自己具有高尚的道德情操和崇高的精神境界。因为社会赋予教师的职责是教书育人，教师不仅要用自己的学识教人，更重要的是以德化人。

思想情操修养是教师完美形象的内在原因，也是根本原因。心灵美是风度的"灵魂"，外在风度是一个人德行的自然流露。一个光明磊落、心地善良、正直诚实的人，其风度自然是庄重、大方、优雅、从容。作为一位人民教师，如果具备良好的德行，忠诚党的教育事业、热爱学生、献身教育，那么他在教育过程中自然是谈吐从容、文雅不粗俗，衣着整洁得体，举止优雅大方而不轻浮。

2. 健康个性培养方面

风度是一种内外兼修的风范，只有当内在的人格、气质之美达到完美时，才能表现出外在的风度之美。因此，塑造优雅风度的本质是培养内在的个性特征。

（1）塑造性格魅力。

要使自己的风度得到别人的赞赏，就要加强健康个性的培养，努力做到自重而不自傲，豪放而不粗俗、刚强而不执拗。

（2）塑造气质魅力。

不同气质类型的人，可以根据自己的特点，提高修养，遇事都应尽力保持情绪稳定、心情开朗、热情待人的心理特征。

（3）塑造性别魅力。

男教师和女教师都应该有自己的特征。男教师要坚强、刚毅；女教师则要温柔、体贴、耐心。性别色彩模糊的人，人格魅力是要打折扣的。

教师在教学过程中，不管什么时候，面对什么情况，都要表现出博大高深的知识涵养、沉着冷静的性格气质、成熟稳定的思想情绪、进取自强的人生态度、勇谋兼备的才干本领。不能因为自己心境不佳、身体不好或个别学生偶尔"捣乱"、违反纪律，就动辄发脾气、在有就是要态度、拍桌子、砸东西，更不能把自己对一些人或事的不满情绪转嫁到学生头上，将学生视为发泄愤怒的"替罪羊"。当师生之间发生误会或学生对你不够礼貌时，也应该表现出宽容和肚量，而不要疾言厉色、暴跳如雷。

3. 自信心训练

自信是对自我的认可、肯定、接受和支持的态度。自信的人往往活泼大方、坦诚开放，因而外表比较优雅。因此，教师风度的养成应该从自信心的建立着手。

风度是人的精神气质在举止、态度方面的外在表现，风度包括人的气质、举止、态度。是人的心灵、性格、气质、涵养与外在体态的综合体现。教师的风度是内在美与外在美的统一。从外表讲，它涉及衣着、服饰、容貌、体态等，即通常所说的"仪态"；从内在讲，它体现品格、情趣和精神风貌，即"气度"。美的相貌和体态，可以为风度增光添彩，但相貌平平者也可以通过其他方面去弥补自己的风度。一个教师如果只有美丽的相貌而没有优秀的品质，其风度必然不佳。只有把内在美与外在美结合起来，风度才会放射出真正吸引人的光辉。

教师的人格魅力

学生敬重的班主任，常常会一呼百应，学生对他们会非常拥护；学生不喜欢的班主任，就总是躲着他（她），尽管他（她）发号施令，却得不到响应，学生对他（班主任）总是草草应付。同样是班主任，为什么学生的态度会有这么大的反差？这就是班主任老师的人格魅力在起作用，是班主任的人格魅力在影响学生的内心世界。

造成学生不尊重班主任的情况，也就是班主任不注重自己人格魅力塑造的情况有如下几种：

第一，不能以宽容的心态对待学生，不注意自己班主任的角色形象，跟学生斤斤计较。

第二，不是根据学生的心理特点因势利导地教育学生，有时干脆粗暴地把学生赶出教室。

第三，对待学生态度粗暴，把学生当成宣泄的对象、把学生当作出气筒，对学生出现的过失恶语相加。什么"蠢猪"、"笨蛋"、"朽木"顺口而出，甚至诸如"傻瓜世家"、"弱智家族"等有辱学生家长的言词也毫无顾忌地信口说出，令学生整日胆战心惊。

第四，面对学生间出现的新情况，总运用旧式的或一成不变的德育方法，往往采用"高压"和"家长式"的粗暴方法来"镇压"学生的"不良行为"，对犯错误的学生用抄课文、扫地、打扫厕所等方式处罚。

第五，教师情绪不稳定，常常为了维护自己的"尊严"，不惜以牺牲学生的人格为代价，在贬低学生和惩罚学生中求得快慰和平衡。

凡此种种都严重影响建立融洽和谐的关系。师生关系是学校德育过程中最基本的关系，要取得最佳的德育效果，处在主导地位的教师必须具备相应的人格魅力。

班主任人格魅力的内涵

"人格"一词源自于拉丁语 persona，是指演员在舞台上所戴的表示所扮演角色的面具。延伸到教育心理学领域，则意味着个人在人生舞台上所扮演的角色，也就是说被个体用来向社会显露自己的东西，即人的社会自我。人格健全就是指人格中的各种因素在一定的社会历史条件下得到健康、全面、和谐的发展。班主任老师人格包含教师群体共有的心理特征，它是班主任在教育活动中表现出的认知风格和行为风范，包括班主任个人的道德品质、性格、气质、能力、学术水平等。班主任老师人格魅力可以从如下方面研究。

（1）班主任有自信心、自尊心、独立性。善于自我调控，对自己在班集体中的行为随时随地都有约束和调节的能力，表现为自律、克制、忍耐性强等。

（2）班主任注意建立良好的人际关系，用他与所有群体的合作、用他对工作的强烈责任感和义务感、用他善于为他人着想，帮助他人排忧解难的精神默默影响学生。班主任随时用自己的言行告诫学生，在社会生活中个体对个人与他人、个人与集体、个人与社会关系的协调能力非常重要。教师体现人的道德，在现代社会人与人之间激烈的竞争中，注重人与人之间的密切协作是现代人格塑造的重要特征。

（3）班主任要有良好的心理倾向。在学生面前有：科学的世界观；崇高的理想和坚定的信念；较强的成就动机，如好奇心、求知欲、成就感等；广泛的兴趣；积极的生活态度等。

（4）班主任具有丰富的、健康的情感。教师要情感丰富，情绪稳定；有强烈的自我意识和自我激励精神；总是对生活充满激情和热爱；对美的追求和对恶的批判；对朋友的理解与支持深刻影响学生。

（5）班主任有执著追求目标的坚定意志和品质。教师能面对环境变化保持适应、选择和改变；面对挫折和失望，尽快调整和恢复对生活的信心和激情；他用这些影响学生积极、进取、开拓，勇于创新。

班主任人格魅力的内涵有极其丰富的可探讨性。教师是智慧、理性、道德力、高度社会责任感、坚持不懈的努力、情感力量在个人身上相互协调、互相促进形成一个和谐互动的有机整体。

凸显班主任的人格魅力

教育是一项直面生命和提高生命价值的事业，班主任老师的人格魅力不单单是个人修养的问题，而是一种不可或缺和无法替代的教育因素、教育手段和教育力量。班主任老师的专业就体现在不懈塑造自身完美人格，提升个人人格魅力，并把人格魅力作为一种教育力量和资源充分挖掘，陶冶学生的追求。班主任要按照学生的希望，注意在学生面前做如下展现：有威信但不简单粗暴、一味命令，更不借外界的权力来压制学生，比如不拿家长、领导来压制学生，不以分数、评优等来要挟学生；有严格但不死板；讲原则但有方法；有亲近、有爱心但不随意踏入学生的安全区，总给学生一份安全感与温馨感；有活跃自由但不放任自流。班级活动有序，要培养学生的纪律观、法制观，以及道德观等公共准则至上的观念；有宽容、积极鼓励、正确诱导，但不容忍错误、包庇缺点、掩饰失误、美化弱点；有广博的知识和开阔的视野，但不居高临下、自称专家，漠视学生的新观点、新创造；总有"三人行，必有我师"的虚怀若谷的精神、平等地与学生探讨创新；有创新意识，但不图新鲜走形式、玩花架子、甚至弄虚作假。创新教育既有新意，又注意学生基本功训练，尊重教育规律。

案例 1-2　　　　　　　　　　　**书包不见了**

记得，前不久的一次教研活动中，大家谈到如何对待课堂上调皮捣蛋的学生时，王老师深深地叹了一口气说："看来我是没有这个发言权了！因为刚刚我就把多次提醒还不认真听讲的学生的文具盒扔到了窗外。"

事后这个孩子是安稳了不少，下课后也悄悄地捡回了文具盒。事情似乎就这样过去了，但从扔出去的那一刻起，王老师就开始后悔了，总觉得这是一次教学失败。

十月的一个下午，一（5）班刚上完体育课，当时王老师改完作业正准备去教室，该班的"小麻雀"朱张津同学急急地跑来说："王老师，我的书包不见了！王老师，我的书包不见了！"在去教室的路上，又有四五个孩子把她截住说自己的书包不见了。这下王老师可真急了，要是被收破烂的拿走可就糟了。来到教室，王老师发现书架上的书和还没来得及发的电影票也不翼而飞了。"王老师，王老师……"只听得窗外又有孩子在叫她，王老师探出头去一看，天哪！书啊、文具啊，散得满地都是。她赶紧跑下楼去和孩子们七手八脚地捡回来。这时，上课铃声响了，这节正好是班队活动课，孩子们收拾的收拾，议论的议论……王老师先安定了孩子们的情绪，回过头来一想，这事只有小杰最清楚了。（由于小杰先天右脑发育不良，导致九岁了都不能像正常孩子那样走路，所以，每回上体育课，王老师不是扶他下楼去看，就是一边在教室里改作业一边陪他说说话。可是那天偏偏把这事给忘了，留着他独自一人在教室。）王老师注意到他一直没有抬起头来看自己，于是，就拿了一张凳子在他身边坐下，轻轻地问："小杰，你知道是谁扔的吗？"他说："我不知道。""那你离开过教室吗？"王老师又问。他说："我到走廊上去站了一会儿。"王老师一想，他平时连座位都很少离开，一定有问题。"那你看见有人进入我们教室了吗?"王老师接着问。他说:"有。"王老师问:"那是男的?还是女的?"他又说:"我不知道。""小杰,抬起头来看着王老师,老师可是喜欢诚实的孩子,"王老师看着他仍然耐心地问,"是你扔的吗?即使是你扔的,老师也会原谅你的第一次的。"其他孩子见老师在侦破。都屏息凝视。过了好一会儿,小杰才怯怯地说:"老师,书包是我扔的。"教室里"哄"地一声议论开了。

当时王老师只觉得脑中的火山即将爆发,真想狠狠地批评小杰,然而理智告诉她:且慢,且慢,数过 60 秒后再做决定。这时,王老师的眼前又出现了那天把黄婷同学的文具盒扔到窗外的一幕。(黄婷是我们班最调皮、最不安分的女孩子,那天在课堂上王老师连续提醒她两次别玩文具盒,可她仍把文具盒玩得丁当响。能不令人生气吗?可是现在想想不管黄婷是多么调皮捣蛋,自己也不应该有如此举动,毕竟自己面对的是一年级的孩子呀!况且事后了解到黄婷是因为打不开文具盒,取不出笔才这样的。)"难道现在我还有去问小杰为什么扔的必要吗?其实我也没有这个资格,因为他肯定是学我的。我得先为我自己的冲动、自己的错误作检讨。"王老师示意孩子们安静下来,又径直走到黄婷同学身边郑重地说:"黄婷,上次老师扔了你的文具盒是老师的错,你能原谅老师吗?"黄婷把眼睛瞪得大大的,重重地点了几下头。王老师笑笑说:"谢谢你。"随后,她对孩子们说:"老师今天把小杰忘在教室里了,都怪老师不长记性。以后,小朋友们一起帮老师记着,好吗?"孩子们都表示愿意。她又认真地说:"如果小杰能为刚才做的事道歉,你们能原谅他吗?"孩子们响亮地说:"愿意。"……

被小杰扔书包的有他的同桌朱张津;有他的同组何俊林、宣泓舟……在后来的日子里,王老师看到的是令人欣慰的一幕:分饭时,朱张津总是把热腾腾、香喷喷的饭菜先端到小杰面前;小杰口渴了,孩子们总是争着帮他倒;小杰要上厕所了,男同学们总是抢着扶;去室外或专用教室上课,也总有孩子记得扶小杰同去……真是"山重水复疑无路,柳暗花明又一村"啊!

是呀,孩子会经常出错,而老师也会出错。每一个错都蕴藏着一个很好的教学时机。如果我们对孩子的错横加指责,对自己的错含糊其辞，那么不光会错失教学时机，而且会拉大师生的心理距离。

著名特级教师于永正说过："发脾气很容易，忍耐却很难，虽然只需要几秒钟。"在班主任工作中，我们都有被孩子推到愤怒边缘的感受。班主任老师也是有七情六欲的凡人，强烈的职业责任感怎能不使自己忧心如焚甚至肝火大动呢？于是就有了怒目圆睁；有了花腔高调；有了手脚的"不听使唤"。但乌云滚滚即将化作暴雨之时，请我们先深深地吸一口气，反复地、冷静地用理智提醒自己："我是班主任老师，他们是孩子，冷静、冷静、再冷静！"给自己一段静默，也给学生一段静默，静默之后再尽力地以一种不疾不徐的语气开口说话。这时，我们会惊讶地发现，雷鸣已经过去，暴雨不复存在，我们心平气和了，我们的话语中洋溢的是一片风和日丽。学生闻之如沐春风、如淋甘雨，一切就在平静中迎刃而解。尽管我们的脸上可能没有笑容，但是这种教育是真正的微笑教育。

那天，王老师为孩子们补上了一课，更是为自己补上了一课。

第二章

班主任工作规范

新时期班级工作的新要求

教育与社会同步发展，时代所发生的一切都以某种方式在校园中呈现出来。班级工作必须把握特征，明晓新时期新课程带来的变化，清醒认识并积极应对面临的挑战；按照新课程的理念，大力推进素质教育，为国家和社会培养具有高度科学文化素养和人文素养的人。

当代社会发展的特点

对当代社会发展的特征做出准确的概括并非易事，在这里，我们只谈对当前世界各国教育发展产生重要影响的几个时代特征。

（一）知识经济初见端倪

肇始于第二次世界大战后期的新技术革命，对人类的生产、文化乃至社会生活等各个方面都产生了深刻的影响，并预示着人类发展的新时代的到来。1996 年，联合国经济合作与发展组织（OECD）在其发表的《科学、技术和产业展望》的报告中，正式使用了"知识经济"这一概念，此后，"知识经济"一词便成为人们耳熟能详的概念。

知识经济是相对于人类曾经经历过的农业经济、工业经济而言的，是人类生产方式的又一次重大变革。20 世纪中后期起，知识已越来越成为最重要的生产要素，其对于经济增长的贡献率已经超过其他生产要素贡献率的总和。因此，人们把 21 世纪称为"知识经济"时代。知识经济是建立在知识的生产、分配和使用之上的经济，因此，知识对于经济发展的意义相当于农业经济时代的土地、劳动力；工业经济时代的原材料、工具、资本，而成为经济发展的直接资源。

（二）空前激烈的国际竞争

刚刚过去的 20 世纪，人类曾经经历过空前惨烈的两次世界大战。第二次世界大战以后的所谓"冷战"时期，发生过 150 余场战争，而因战争造成的死亡人数多达 2000 万左右。"冷战"结束后，被"冷战"长期掩盖的国与国之间、民族与民族之间，以及宗教团体之间长期潜在的矛盾、冲突日益突显出来，国际间的竞争空前激烈。美国的霸权主义削弱了联合国与其他国际组织的权威和本应发挥的作用；美国等西方国家打着"人权"的幌子粗暴地践踏他国主权；信息技术发达国家的信息霸权在经济、军事以及文化方面对其他国家的控制、渗透，都使和平与发展不断面临新的不确定性。如果说以往的国际竞争主要表现在意识形态、军事实力等方面，那么，当前的国际竞争则主要体现在综合国力方面，而且这种竞争越来越表现为经济实力、国防实力和民族凝聚力的竞争。

（三）人类面临的生存和发展困境

这种困境主要是指人类目前面临的诸如生态环境的恶化、自然资源的短缺、人口迅速膨胀等威胁着人类自身生存和发展的一系列重大问题。在工业经济时代，社会的发展主要依赖于科学技术的进步，然而，科学技术本身是一把双刃剑，它既会造福于人类，也会给人类带来灾难。事实上，目前人类所面临的困境乃是人类自身在善良动机下滥用技 术的"副产品"。应该特别指出的是，除了人与自然和谐关系被破坏之外，由于工具理性对价值理性的长期压制，人类生存和发展的困境还表现为人的精神力量、道德力量的削弱或丧失，而这恰恰是任何现代科学技术或物质力量都无能为力的事情。正是由于对上述问题的清醒认识，人们开始对工业化以来的社会发展模式进行深刻的反思，并从 20 世纪 70 年代起，提出了诸如协调发展模式、文化价值重构模式等各种新的发展模式。1980 年，联合国大会首次提出"可持续发展"的概念。1992 年在里约热内卢召开的联合国环境与发展大会上，包括我国在内的 180 多个国家和 70 多个国际组织的代表们共同提出了可持续发展的新战略和新观念。总之，为了人类的生存和可持续发展，在 21 世纪，除了必须对人类既往的所作所为进行客观的评价之外，我们还必须妥善处理物质文明和精神文明之间的关系问题。

当代社会发展对班级工作的要求

（一）科学技术发展要求

科学技术极大地提高了人类控制自然和人自身的能力，推动了社会生产力的发展，但科学技术在应用于社会时所遇到的问题也越来越突出。工业发展带来的水体和空气的污染；大规模的开垦和过度的放牧，

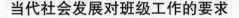

造成森林和草原生态的破坏；信息科学、生命科学的发展，提出了涉及人自身尊严、健康、遗传以及生态安全等热点问题；在信息网络时代，计算机犯罪已经成为全球共同面临的棘手问题。现代科技的发展必然出现从体能、技能到智能的转变，容易产生追逐物质利益，弱化、淡化人格精神需要的倾向。科学技术的发展必然引起新的伦理道德问题。

（二）市场经济的要求

当前经济成分、组织形式、就业分配的多样化，归根到底是利益的多样化。利益的原则推动了社会生产力的发展，利益的作用激发了人们的进取意识和创造热情。但是，利益的驱动也使一些人私欲膨胀，增加了很多消极负面的东西。由于经济地位的区别，人们的思维方式、价值取向常常有所不同；由于具体利益的差异，人们的要求和愿望也往往不尽一致，这给班级工作带来了严峻的挑战。这些挑战主要表现在以下几个方面：

1. 社会的主导价值的要求

伴随着我国传统计划经济向社会主义市场经济的转轨，经济成分出现了多样化的特点，加之国门洞开，良莠齐来，导致人们的价值取向日趋多元化。这种多元化的价值取向虽然带来了不少新的观念、新的意识，但在一定程度上也冲淡和侵蚀了社会的主导价值观，难免使许多青少年产生个人主义、拜金主义和享乐主义的观念，丧失正确的理想、信念和集体主义、爱国主义等思想。

2. 社会环境要求

当前，不良的社会环境对班级工作的负面影响最为严重，不可低估。受经济利益驱使，个体书摊、个体影视点仍在出售或放映黄色、淫秽、凶杀暴力的刊物和影视；营业性台球场、电子游戏厅、网吧、按摩房、夜总会等遍布大街小巷，无不吸引、诱惑着青少年学生，导致许多学生产生厌学、贪玩、丧志、早恋、违法、追求时髦和享乐等不良思想。

3. 家庭教育的要求

家长的配合、家庭的教育，对学生道德品质的形成有着至关重要的作用。但现实生活中，我们不难感觉到，有不少家长的家庭教育存在误区：把分数作为衡量孩子好坏的标准，把上大学作为孩子成才的唯一目标，对孩子的品德塑造关心甚少；一些家长忙于工作、赚钱，疏于对子女的管教，认为把孩子往学校一送，就万事大吉了；有的家长热衷于玩乐、享受、赌博，一点不回避子女，甚至还教孩子玩，认为这是"潇洒"；有的家长富了，给子女零用钱没节制，认为有钱花钱是"阔气"；有的家长从小娇惯孩子，使孩子养成自由散漫、目无法纪、目无尊长、一切以自我为中心、自私自利的思想；更有甚者，有的家长在人格道德方面存在不同程度的缺陷，个别家长因孩子违纪受到学校处分，不去批评教育自己子女，反而去找学校的麻烦，为自己的孩子"鸣不平"、"长歪风"。

与此同时，在建设市场经济的进程中，传统的家庭人口结构也发生了相应变化，单亲、离异、困难及流动家庭纷纷出现，这些家长大多没有时间、没有精力，甚至没有能力来关心爱护自己的子女，把教育孩子的责任推给学校、社会，这同样给班级工作带来了新的考验。

（三）网络新要求

信息化社会，网络已深入到生活的各个角落，上网已不仅仅是一种时尚，更是一种生活的必须。互联网的普及使青少年儿童成为"网上的一代"。网络为他们提供了丰富的信息资源，同时也为他们创造了精彩的娱乐时空。网络在降福于年轻一代的同时，也在危害着他们的身心健康。因此，班主任老师要对学生上网进行正确指导和监督。

班主任的角色定位和转换

对班主任的角色定位

班主任作为与学生联系最密切的人，往往要担任多重角色。对学生来说，他是思想塑造者、学习指导者、成长关注者、生活关心者、保健员、榜样等；对班级来说，班主任是班级的设计者和组织者，也是班级的"警察"；对学校、家长和社会其他人士来说，班主任又是一个"外交家"。当然，班主任在开展工作时，并不是某一个角色单独在起作用，而是各种不同的角色都在发挥着各自的功能。

（一）从学生角度看

1. 思想的塑造者

儿童和青少年的思想意识具有极大的可塑性，容易接受各种思想的影响，逐步形成自己的世界观。学生的道德观、人生观、价值观、世界观的形成，除了来自书本、社会、家庭影响之外，最直接、最具体、最深刻的影响来自教师，特别是班主任。班主任不仅是人类文化的传播者，更是学生灵魂的塑造者。所以，班主任应注意以自己良好的人格去影响学生，用正确的思想去塑造学生。学生成功时醒之，气馁时鼓之，失败时导之，错误时教之，使之向着顺利成才的方向不断发展。

2. 学习的指导者

学习是学生的首要任务，班主任自然是学生学习的指导者。指导内容包括：指导学生掌握正确的学习方法，培养学生的求知能力，养成良好的学习习惯；激发学生的学习动机，帮助学生逐步由"被动接受知识"过渡到"主动寻求知识"；定期或不定期地组织学生进行学习方面的分析与总结，强调理论学习与实践技能并重等。

3. 成长的关注者

班主任的责任不能限于传道、授业、解惑，而要使每一个受教育者都有可能自由地发展才能和兴趣，特别是创造才能和创造兴趣；要使每一个受教育者切实会生存、会生活、会学习、会创造、会合作、会负责、会关心、肯进取、敢冒险，成为身心健康的现代人。因此，班主任对学生成长的关注要胜过对学生成绩的关注。

一个合格的班主任应该善于了解学生的兴趣，发现学生的潜能，发展学生的能力，培育学生健全的性格。班主任必须强化自己的"伯乐"意识，要相信学生具有主动建构、自主成长的潜能，切实做到善于发现人才、培养人才、举荐人才，并为人才的成长创造有利的条件。同时，对平时表现不突出的学生，更应该挖掘甚至有意制造他的闪光点加以表扬和鼓励，以激发学生的自信心和对学习的兴趣。

4. 生活的关心者

生活关心者要求班主任既做"严父"，又做"慈母"，以使学生在学校生活中健康成长。

学生的自我控制、自我约束、自我管理的能力相对不够健全，班主任对学生要管如严父，一丝不苟。学习上要严格要求，纪律上要严加管教，并要做到严出于爱，严而不凶，严而有理，严而有度，严而有格。同时更应该是慈母，研究表明，充分体验了母爱的孩子，观察力更细致，更具有同情心，对待别人的错误也更宽容，心理能健康成长。作为班主任，要像母亲那样细致地关心学生，让他们体会到学校的温暖，教会他们关心他人。如每天深入到学生寝室、食堂，了解学生就寝和就餐情况。天气凉了，提醒他们加衣服，加棉被，让他们体验到老师对他们无微不至的关怀。但是这种慈母之爱绝不能是溺爱、偏爱，而应该做到爱寓以严，爱而不纵。

5. 保健者

现代社会对健康的理解包括两个方面，即生理健康和心理健康。学生正处于长知识、长身体的时期，他们的生理和心理正处于迅速发展、剧烈变化时期。此时期，班主任要对全班学生的生理、心理健康发展负责，要积极主动地配合有关教师充当保健员的角色，使学生身心健康成长。

在生理健康方面要培养教育学生养成讲究起居饮食卫生的良好习惯，坚持锻炼身体，不挑食，不吸烟，不喝酒。在心理健康方面要着重培养锻炼学生的心理健康素质，培养学生体验快乐、保持愉悦的心境和情绪，具有积极向上的现实的人生目标；培养学生的自控能力，保持较高的学习和工作效率，以达成既定目标；培养学生不怕失败、耐受挫折的能力，做到"得意不忘形，失意不气馁"；培养学生寻求外在支持、改善人际关系的能力，学会靠外力克服面临的危机、缓解承受的压力；培养学生真实、稳定、统一的自我，防止自我统一性的混乱。

6. 榜样

榜样的力量是无穷的。当班主任的形象真正触动学生的心灵时，那种力量胜过一切华丽的言辞和空泛的说教。班主任除了传授知识技能外，还要把做人的基本原则传授给学生。在教学上，班主任应该成为学生的"活字典"和"百科全书"，是同行中的佼佼者，以不断满足学生的求知欲；在做人上，班主任更应是学生形成良好行为习惯的典范。

另外，现代学生普遍存在着一种"审视"现象，他们不再盲目崇拜班主任，而是经过观察、审视、评判之后才决定一名班主任能否从内心接受、有无受到尊重的资格。在他们的审视中，如果班主任缺乏学生所期望的才能和品行，就很难成为他们心中的"偶像"。班主任要扮演好这个角色，就应具备渊博的专业知识、较强的业务能力、高尚的人格品质、良好的行为习惯以及广泛的兴趣爱好等。

案例 2-1　　　　　　老师，我们爱您！
——记武汉市某小学顾老师

伴随着树上鸣蝉欢乐的歌声，我们——一群六年级的孩子们，将要告别与之朝夕相处了六年的母校。六年的光阴，给我们留下了难以忘怀的记忆；六年的相处，让我们对我们的恩师依依难舍！在此临别之际，我想以《老师，我们爱您！》为题，向各位介绍陪伴我们成长的可亲、可敬、可爱但不忍与之分别的顾老师。

在我们小学六（1）班，人人都知道我们的班主任顾老师您有一位可爱的女儿，都亲眼目睹过这样一个情景：有一天，我们逗她："林欣欣，告诉哥哥姐姐你最想实现的一个愿望，我们可以帮你实现。"没想到从她的可爱小嘴里毫不犹豫地蹦出的竟是："当老师！当一个像妈妈那样的老师！"我们愣住了，这美丽可爱的小女孩的愿望不是想拥有洋娃娃、做天使，而是做一名像妈妈那样的老师！在我们和我们的父母眼里，顾老师您无疑是最棒的，我们一直为有您这样的老师而感到无比的骄傲和自豪。没想到在您女儿的眼里，老师您也是最棒的，那会是怎样的言行、怎样的努力才会使自己的女儿没有丝毫被怠慢的抱怨反而想极力地效仿啊！我们从她美慕我们的眼神里仿佛看到了许多许多……我们想轻轻地告诉您："老师，我们爱您！"

老师，我们爱您的"随风潜入夜，润物细无声"！

"随风潜入夜，润物细无声"，是唐代诗人杜甫对春雨润泽万物情景的真实写照。老师，您就如同这春雨，以自己的一举一动、一言一行在漫润着我们、影响着我们。在同学们眼里，您的发型、衣着、用品，包括举手投足，永远都是那么时尚、可爱、整洁、得体，让人赏心悦目。我们感受到了您是多么热爱生活，会欣赏并享受生活，同时也在努力地把您对生活的理解传递给我们。

一段时间，班上有一男生故意把头后的一片头发留得较长，好像想告诉大家：我长大了！您那段时间见到他一直只是眯眯笑，什么也不说。有一天，这男孩终于在家长的逼迫下剪掉了长发，很伤心地上学来了。您走过去亲热地摸摸他的头，似乎很随意地说："你们瞧，多可爱的小男孩！"男孩幽怨的眼神里有了惊喜，问我们："真的可爱？我还帅吗？"我们由衷地异口同声说："帅呆了！"一段时间，满大街的女孩们流行剪碎发。一天，我们班的几个小女孩顶着一头长长的碎发上学来了，脸上写满了自得。可是写作业时，长长的刘海遮挡住了眼睛，只看见不停地抚弄刘海的手；体育课因为头发扎不到一起而任汗水直流……在一节班会课上，您含笑看着我们，模仿着朱自清先生的口吻问我们："燕子去了，有再来的时候；杨柳枯了，有再青的时候；桃花谢了，有再开的时候。但是，聪明的你们能不能告诉我，我们的童年为什么一去不复返呢？"我们睁着大眼睛看着您，您接着说："真美慕你们的童年，有童谣、橡皮筋、花裙子、小辫子、快乐的六一……"有同学坏坏地问："老师，是我们的花裙子、小辫子漂亮还是你的长发飘飘漂亮？" "都漂亮，可如果换过来的话……飘飘的长发可得要好多时间打理哦，那是属于我的；小辫儿、童花头顶在你们可爱的小脸上，轻松活泼，那是属于你们的。我倒是想抢来顶我头上，可怕笑死你们了，你们爸爸妈妈要我赔他们的宝贝呀。你们也就别慌着抢我的了，以后有的是机会。"那几个小女生挤眉弄眼地笑了。在您这般春雨的滋润下，同学们一个个朝气活泼、健康可爱，我们的教室永远是那么干净明亮、温暖宜人，我们的作业永远是整整齐齐、井井有条……

"老师，您说我们能不爱您吗？"

老师，我们爱您的"己所不欲，勿施于人"！

孔子的弟子子贡问孔子："有一言而可以终身行之者乎？"孔子曰："其恕乎！己所不欲，勿施于人。"老师，您用您的言行对这句话作了最好的诠释。几年前的一次军事夏令营，至今还令我们记忆犹新，我们这群十岁左右的几乎是在蜜罐里长大的孩子们，在教官的带领下，在酷热的正午进行了徒步跋涉，在下午近40度的高温中进行了训练，紧接着晚上在没有降温的水泥操场上召开联欢会。由于大运动量的训练导致大量失水，加之得不到休息，同学们个个口干舌燥、筋疲力尽……就在这时，顾老师，您来了，抱着满箱的自费买来的矿泉水走到了教官面前："这群孩子从没进行过这么大运动量的训练，天气又这么热。如果我的孩子在内，我会很担心。我支持你们的训练计划，但必须给他们提供足够的补给。"教官严厉的面庞松弛了，我们欢呼雀跃如久旱逢甘露般捧起了水瓶。前不久，我们班的室外清洁包干区换成了清洗水池，水池里每天都有杂物、污渍……看着都难受，何况是清洗。交接的第一天，老师您就派同学用班费买来了橡胶手套、毛刷、清洗剂，并反复叮嘱清洗水池的同学要戴手套。有老师看见了就笑骂您："就你们班学生是人！"您笑问："叫你光手刷你干不干？"那老师撇撇嘴说："耶，太脏！不干！"老师您说："哈哈！己所不欲，勿施于人啊！"

"己所不欲，勿施于人。"老师，现在，我们也在慢慢实践着这一教诲，对伙伴、对邻居、对亲人。老师，谢谢您！

老师，我们爱您的"公平公正"！

《淮南子》言："公正无私，一言而万民齐。"顾老师您云："公平公正，我们永远的座右铭。"2004年的春季运动会，激烈的中年级组接力比赛在裁判员老师的一声枪响后落下了帷幕，我们班被宣布荣获中年级组第二名。要知道这对于一个只有36人的小班来说是很难取得的好成绩，我们沉浸在无比的喜悦中。可我们发现顾老师您站着没动，脸上也没有丝毫喜悦之情，反倒是在和取得第三名的邻班同学谈论着什么，原来他们都看到了我们班的第一棒韩青同学偷跑犯规了，韩青同学也主动走过去证实的确自己犯规了。老师您冲她笑了，拍了拍邻班几个同学的肩。走进了体育室，要求裁判员老师更正刚刚宣布的不准确的成绩，并在邻班同学敬佩的目光中带着我们回到了教室。看着略带失落的我们，您如桃花般灿烂地笑着说："同学们，你们今天的成绩我很满意，无论是在有形的赛场上还是在无形的赛场上，你们的表现都很棒，我为你们而骄傲！"为了这公平公正，您让我们自打有了单人课桌椅起，我们的任何考试永远都是单人单座，我们戏称之为"永远寂寞的考试"。您常说："咱们首先要学会做人，再考虑成材。"

老师，请您放心，我们一定会像您一样，将这座右铭浸润于我们的骨髓、血脉之中！

老师，我们爱您的美丽的"关爱"链！

西方一位哲人曾说："一个不懂得关爱的民族是没有生命力的民

族。"从 2002 年至今，您在我们班开展了一系列的"关爱"主题活动。于是，不知从何时起，我们学校的全体老师们一定会在教师节的这一天，收到凝结着我们班全体同学心血的一份小小的礼物，有时是满罐满罐的星星，有时是一个个可爱的草莓挂坠，有时是一根根红红的中国结……我们的亲人们一定会在她们的生日、节日里收到意外的礼物，得到意外的惊喜；在我们生活的小区里会看到我们自发地拿出零花钱救助流浪者的身影；我们的教室里会出现药品齐全的小小医药箱、崭新的整瓶墨水……这些都得益于您所组织我们开展的关爱活动啊！

老师，是您把您的"随风潜入夜，润物细无声"、"己所不欲，勿施于人"、"公平、公正"……传递给了我们，您让我们感受到了爱的美好。于是，我们也学会了把我们的爱传递给了您和大家，这是一条多么美丽的关爱链啊！我们因为有了它而美丽，它因为有了我们而熠熠生辉！

老师，您一定笑了吧，看到您播下的关爱的种子在我们的身上生根、发芽、开花、结果，您一定是笑靥如花吧！

老师，看到您抽屉里一本本鲜红的获省、市、区先进中队、区优秀班集体、优秀班主任的奖证，看到校园里高高悬起的祝贺您被授予区模范班主任的条幅，看到校外宣传栏中张贴的您撰写的教育案例获全国大奖的喜报，看到咱们班许许多多的同学获省、市、区荣誉一次次上台领奖的身影，我们想由衷地对您说声："老师，您辛苦了！老师，我们爱您！"

（二）从班级角度

1. 设计者

指班主任要根据学校的计划要求，根据本班学生的实际，制订出切实可行的治班方案，设计出适合本班实际的班级蓝图。班级蓝图的内容包括班级愿景、各阶段具体目标、班级理念、班级守则、奖惩措施、教室布置等，班主任在学生集体形成之前，要进行"设计"，形成观念上的蓝图，并在学生之间进行宣传，逐步形成班级特有的文化，加快班集体的形成。

2. 组织者

在落实班级蓝图的过程中，班主任又是班级的组织者，要合理组织和使用人力,在集体中建立一定的管理系统,协调各方面的关系,形成和谐的人际关系和融洽的心理气氛,并形成健康的集体舆论,建立健全的班级规章制度。然后物化为现实的学生集体组织,并且要采取多种形式来调动学生的主动性和积极性。一方面要注意培养良好的学生集体,另一方面,又要通过学生集体影响每个成员。同时,班主任要身体力行,以身作则,为学生树立榜样,跟学生同甘共苦,做学生的带头人。调动全班同学的积极性,充分发挥群体优势,团结一致完成好既定目标。

案例 2-2   7 > 33

那年,学校要举行班级篮球赛,特别规定高三年级不得以学习忙为托辞,必须参加。

为此,我特别召开了班干部会,想好好发动一下:毕业会考即将到来,一些学生已是"身在曹营心在汉",心早飞出了校园,学习心不在焉,班上违纪之风也渐呈扩展之势。眼下这个进高三以来的第一次大型集体活动,也许会是一次增强班级凝聚力的好机会!

不想话音刚落,就见平时说话大大咧咧的组织委员说:"老师,男生可不可以弃权?"我一怔,扫视了一下其他班干部,目光触处,大家纷纷低头,而且神色或多或少有些颓丧。我随即恍然大悟:我班是文科班,班上是女生的海洋,男生?总共加起来才七个人!而且,这几人也并非篮球"里手",打赢别班确实困难。

不过,情势不允许我认可他们的想法。我说:"确实,就人数和实力而言,我们远远落后人家。但是,我们在精神上能落后人家吗?不能!我们要打,而且要打出我们的顽强斗志、打出我们的团结精神、打出我们101班的风格!我们都是文科生,都知道'屡败屡战'、'愈挫愈奋'的典故,难道我们却不懂得,有时候即使败了,也虽败犹荣的道理吗?……"

一番话说得班干部们的头渐渐抬了起来。

"况且,高中生活即将结束,这样的大型活动已少有了。难道我们就允许自己给班级如此灰暗的添上一笔?然后,灰溜溜的退出?……"我继续说。

"老师，我们想错了。"

"我们不后退!"

"要打，就是输，也要输得堂堂正正、轰轰烈烈!"

……

我的话就这样的被打断了。随即大家情绪激昂的议论起怎么发动群众、组织队员的事来。

男生的比赛安排在高三组的倒数第二场。时间在第七节课放学后。照理这应是一个观者如潮的时候。但那天的比赛似乎没多少人在意。就连我们的对手理科103班，除了几个篮球队员在吊儿郎当的热身之外，就站着零星的几个人，他们嗑着瓜子，时不时指着我们班的队员发笑。他们的班主任不知怎的，也没到场。可以感觉到，在他们和旁人的眼中，我们铁定是输了的，这是一场毫无悬念的比赛!

见此，我赶紧向我们的七个队员打气："别受他们那神气样影响!骄兵必败。多少历史证明了这一点? 大家知道的一定不比我少!" "平常我们不是说自己人少吗? 今天他们人更少! 看看他们，就那么几个，多单薄! 再看我们后面，宣传组、后勤组、拉拉队，整整齐齐，多厚实! 我，全班同学，都是你们的后盾!" "输了不要紧，打出了自己的水平，打出了我们班的风格，同样光荣!"

之后，我让当队长的班长谭赞再强调了纪律和早已商定的策略。

随着，比赛在我方女生拉拉队气势如虹的加油声中开场……

今天，我已不想再去赘述那场比赛是如何的惊心动魄，是如何的让我多年以后想起它还抑不住心情的激动。我只想提及其中这样几个细节：

当我班队员王俊拼力奔跑，企图将运球飞跑的对方好手截下时，不提防步子迈得过大，用力太猛，裤裆"嚓"的撕开了，露出了运动裤的白色内里。对方场外人员一阵哄笑，但立即被我方震耳欲聋的"王俊，加油"给压了下去。而王俊，就一直穿着那条烂裤子在场上奔跑、拼搏，直至比赛结束……

当比赛结束后，我们的七名队员全是被扶着、脚一颠一颠出场的。他们的膝盖、脚都有不同程度的擦破、扭伤……

当比赛结束后，姗姗来迟的对方班主任黄老师望着记分牌上醒目的

28：22，气得脸都变绿了，朝着他们班稀稀落落的蔫蔫的几个队员大发雷霆："怎么搞的？其他人呢？三十三个男生竟然没打赢七个人！真是笑话！"

此时我只想讲讲后来班级的情况：班级的凝聚力和亲和力明显增强了；违纪事件的发生也越来越少；毕业会考合格率我班最好；会考后，我班是高考参考流失率最少的一个班，而且高考成绩远远超出了学校的预期情况……

记得在高考后班级的毕业典礼土，班长代表学生如此致辞："……7＞33，那场球赛给我的记忆将永存我心深处。作为班长，它使我懂得了发动群众、团结奋斗、众志成城的道理；作为一个普通学生，它使我尝试到了挑战自我极限的乐趣，使我明白人生因精神的屹立而精彩！感谢高三生活的精彩！"

是呀，"7＞33"，对当年这个故事的演绎者而言，记忆确乎不可磨灭。它不仅以它的真实教育了当场的每一个学生、干部，也时时启发着我这个班主任，该怎样去教育我的学生，该怎样去培养我的学生干部，从而为创造一个良好的班集体铺路！

3. 警察监督者

不少学生把师生关系形容成"警察与小偷"的关系。在班级管理过程中，班主任有时也真需要充当警察的角色。班级是未成年人组成的团体，同学之间总会存在摩擦和矛盾，甚至是打架和间接报复，还夹杂着各种恶作剧。处理同学之间的矛盾是班主任工作中最棘手的问题，不但要弄清矛盾的来龙去脉，还要弄清双方采用的手段和对待问题的态度，从学生心理、生理等多方面查找有利于解决问题的因素。此时教师要进行大量的调查取证，倾听各方面的证词，协调与家长、学校等有关各方的关系。对受伤害、受委屈者给予抚慰，对制造事端、无理取闹者进行批评教育，有时也应给予必要的惩戒，让学生明白破坏纪律的后果和代价。这时的班主任的确像警察，要维护校规校纪的尊严，处理问题要有理有据，合理合法。让学生能够明确集体利益高于一切，学会处理个人和集体的关系。

（三）从家校关系角度看

班主任在班级管理过程中要接触学生家长、任课教师、学校各种管理人员、社会各方人士等，班主任的工作开展，实际上就是在与不同的人打交道，从这个意义上来说，班主任是协调多方关系的外交家。

1. 科任教师的联络纽带

班主任是联络科任教师的纽带。由于学科性质不一样，教学要求、授课方式、教学风格便不一致，课堂管理方式也不一样，学生与科任教师之间容易产生摩擦，甚至发生冲突。这就需要班主任做好协调工作。

2. 班级与学校的协调者

班主任要协调好班级与学校的关系。班级管理的目标应与学校的管理目标一致，班主任只有深刻理解学校领导的意图，并与学校管理部门的具体要求保持一致，才能有效地开展好班级管理工作。

3. 家校沟通的桥梁

班主任是学校和家长沟通的桥梁。班主任要经常通过家访、开家长会等形式，去协调与家长的关系，使学校教育和家庭教育合拍。

班主任需要的工作理念

班主任是班集体的组织者、指导者和领导者，其思想道德面貌、世界观、人生观、价值观和对教育的信念与追求，无不渗透于他的班级管理之中。班级管理是一项完善人的内心世界、规范人的外在行为、培养创新人才的系统工程，尤其需要科学的、先进的教育理念的指导。以下介绍新时期班主任应有的工作理念。

（一）教育工作理念

1. 培养创新意识和精神

现代社会的发展中，人的创新能力受到空前的重视，善于创新的人成为社会发展最主要、最积极的力量。班主任应树立培养学生创新精神的教育理念，以适应社会的需求。

在班级工作中实施创新教育，班主任应树立以创新精神为价值取向的人才观、教育观和质量观，把创新意识、创新精神与创新能力的培养放在班级工作的突出位置。首先，班主任要充分认识到创新教育的重要意义，认真学习创新教育理论，并在教育活动中大胆实践，不断总结创新教育的成果。其次，班主任要把自己当成积极能动地富有创造性的主体，在教育方针与教育规律的指导下，不断寻求新的工作内容与工作方法，根据自身优势和学生的特点，富有创造性地开展班级活动，形成风格鲜明的班集体。这种创造性的工作观念与工作方法必然会对学生的创造性人格的形成起着巨大的作用。再次，创新教育是高度专业化的工作，因此，需要班主任不断接受再教育，以提高自己的创新智慧和培养他人创新智慧的能力。如学习和研究新课程倡导"自主、合作、探究"的学习方式，这是创新教育的新思路，它要求班主任调动学生的学习积极性和主动性，组织课堂学习小组及探究学习小组进行创造性的研究学习。

2. 终身教育精神

终身教育是贯穿于人生始终的教育。它要求教育要和生活密切地结合起来，它对传统的、制度化的教育提出挑战，它注重人们个性发展的全面性、连续性，比传统教育更能够显现出每个人的个性。我们在新课改中要使学生真正得到全面的、连续的、充满个性的发展就必须要树立终身教育的思想。美国心理学家格齐伊曾说过："明日的文盲不是不能阅读的人，而是没有学会学习的人"，这为我们指明了终身教育的基本途径——教学生"学会学习"。作为班主任，应该指导学生形成学习态度，养成学习习惯，培养学生学习的能力，帮助学生构建学习的策略，让学生真正做到自主发展、终身发展。

3. 以人为本精神

"以人为本，以学生的发展为本"是当今教育改革的潮流，新课改提出了使学生"在普遍达到基本要求的前提下实现有个性的发展"的目标。要求教师重新思考学生，把学生作为发展的主体来看待，关注学生的全面发展，注重学生的差异，关注学生的情感，尊重学生的人格。要看到发展是学生的主动行为，没有个性就没有发展。

班主任应该注意发现学生身上的闪光点，每一个学生都有许多特点，都有某些方面的优势和爱好，珍惜这些特点，发展每个学生的优势，是实施素质教育和新课改的关键。教育不仅仅要培养出具有各种知识和能力的社会建设者，更要能够造就出具有健全人格、诚实、正直、追求真、善、美的人。班主任工作只有"以人为本"，以学生为教育的出发点和归宿，关注学生丰富、和谐、完美的发展，才真正把握了教育的生命意义。

案例 2-3　　　　　　　**越过心灵的牛头山**

班会课上，当我宣布开展这个活动时，教室内一反往常的恹恹睡意，顿时传出一阵欢呼："噢，爬牛头山！"

交代完纪律后，学生排队出发了。班长与一个充当"向导"的同学走在队伍的前列，我在后"压阵"。纪律出奇的好，甚至两个平时最喜捣蛋的学生还自发地做起了队形的监督员。同学们兴致勃勃地行进着，撒下一路欢歌笑语，惹得行人侧目相看。

牛头山是离学校不远的一座大山。据闻，山中有飞瀑流泉，清凉可人；山中有鸟语盈耳，花香扑鼻；登上山头，可远眺岳麓、长沙，视野开阔……"登之可怡情悦性，开阔胸怀，锻炼毅力，培养团结精神。"建议爬山的班长曾如此介绍。"更重要的是，同学久坐教室，总觉得憋闷，需要释放，他们都很渴望这次活动。"班长又作了如此补充。想想近来班上暮气沉沉、一盘散沙、问题频出的状况，已有些焦头烂额的我采纳了他的建议。

队伍仍在这条乡村公路上前行。据做向导的同学说，我们要从山后往上爬，因为这样将见到比前山更美的飞瀑流泉。可是，都走了半个钟头了，怎么还没到山下？不是说离学校很近的吗？就在我心生疑惑，队伍也渐渐开始有怨言的时候，"向导"突然宣布到了目的地。群情顿时振奋。

"冲啊！"几个男生率先顺着一条新开的小路撒欢的上攀，余者紧紧相随。霎时满山皆笑，时有"小心！""我拉你一把！""我顶你一下！""别怕！"之语点缀其间。我开心的跟着往上爬。

忽然，前面叫了起来："怎么没路了？"我急忙快步上攀。等我赶上时，发现尽头是两座新墓，原来那条新开的小路竟是为了它们！前方老刺横生，树林密密，看来这里的山柴已有多年未砍了。就在这时，两个男生从前面的荆棘中钻了出来，说："走不通了，上面有断崖，攀不上！""向导"这时一脸通红地站在我的面前，说："对不起，老师，我也是两年前爬过牛头山，我记得是走这条公路的。可是路边变化太大，我一时找不到当年登山的位置了。我看大家走了很久，也没拿准是不是这里，只看这里有路，就……"她蹲在地上哭了起来。

空气似乎陡然凝固了一般。这时，两个女同学默默地扶起了她。我

67

说:"也不怪你,都怪老师没考虑周全!虽然登不了山,但是,也不错啊!大家细听,这松涛的声音,多么轻柔,真是别有风味;还有,大家看看,这满山的杜鹃花开得正欢,刚才忙着爬山,都把它们忽略了,现在好好欣赏一下吧!……""是呀!"一些学生应和起来。"老师,看山下的景色,真美!我们去田间躺躺,做做游戏,去小河边洗洗脚,轻松轻松,怎么样?""这提议不错!"于是大家忘掉了刚才的不快,摘着花往下走,渐渐的又是欢声笑语。

田间,我和这快乐的一群学生坐成一圈,开始了他们设计的"击鼓点将"游戏。远处山野青翠,近旁小河浅浅,头顶云淡风轻,更有身边这和谐的一切,怎不让人感觉惬意而又轻松!

沉醉之时,班长悄悄邀我移步说话。我们站开人群。他说:"老师,真对不起,导游是我推荐的。也没和她一起做进一步的考察。弄得登山不成!您批评我吧!"我笑了笑说:"批评什么呢?今天的活动不是开展得很好吗?不错,我们是没有登上牛头山,没有看到流泉飞瀑,没有眺望到岳麓山、长沙城,但是,我们不是采到了捧捧鲜花,听到了阵阵松涛吗?你看看——"我指了指身后那其乐融融的一圈,继续说:"以前什么活动有这样的快乐、有如此的协作、主动?想想刚才那么快就都到了半山腰,我们什么时候有过这样的速度?想想一些调皮同学的积极表现,你不觉得,我们大家已经越过彼此心灵上的一座'牛头山'了吗?而这,不正是你我组织这次活动所希望的吗?"班长搔了搔头,笑了。

而在我的脑中,一种理性的声音越来越清晰:班级活动的策划,应该尊重学生兴趣、意愿,如此,方能引得学生开心参与而产生良好效果!

(王新明)

案例2-4 **勿再在伤口上撒盐**

那是一个夏日的午后。当时,炎炎烈日正发疯般地炙烤着校园。

我拖着上午连上了四节课的疲惫身体,匆忙地赶往教室上读报课。生怕迟到一会,教室里又是乱纷纷一片。被年级组长撞见,又该挨"班风一团糟"的批评了。

忽然，我发现左前方男生寝室前的空地上，几男生正一字排开，立于烈日之下。其中一个好像是发现我来了，赶紧说了一声什么，于是几个人马上站得笔直。

我走近一看，正是自己班上的学生。

肯定又是没遵守午睡纪律，被寝室辅导老师抓了个正着，在受处罚！有五个呢！每人扣0.2分，又该扣一分了！等着挨批吧！想到这，我就怒从心起，气不打一处来。

这几位见我来了，有几分难堪，但还是以求援的眼神向我打了声招呼。

看着他们那晒得满额汗珠、一脸通红的狼狈相，真恨不得立刻就要发作的我，忽然按下了心中的怒火：让他们再晒晒，省得下回又不记事！不然，老给我惹麻烦！

于是，我轻哼一声，给了他们一个斜睨的眼神，一个鄙夷的背影，将他们的希冀狠狠地摔在了寝室辅导老师的强制命令里。

教室内，我端坐讲台之上，静等他们归来。台下，气氛闷闷的。学生们就如能感知气候变化的候鸟一般，早早嗅出了一场风暴即将到来的气息，一个个小心翼翼的，屏声息气的埋头看、写着。

当他们几个被寝室辅导老师放回时，读报课只剩下5分钟。但已经够我宣泄的了！

我让所有同学放下手中的事，我要让这场即将掀起的风暴涤荡掉班内所有尘埃，让班上的每一个人都铭刻于心，让班风为之一振！

可是，不曾料想的是，我的"风暴"刚"呼啸出口"，一座钢硬的"石壁"就将它挡了回来：那几位情绪激昂的和我对着干起来了，而其余的学生则默默作壁上观。这次的"风暴"，让我尝到了一种从未尝过的在讲台上被孤立的滋味，碰到了任班主任以来最大的尴尬……

所幸，下课的铃声及时响起。于是，我无趣、羞恼而气愤地冲出了教室，脑中膨胀的是这样的声音：

"你不是说要做我们的知心朋友吗？我们都晒了那么久了，那么毒的太阳，好受吗？"

"我们是犯了纪律，但我们已受到处罚了！凭什么还罚第二次？"

"……凭什么对我们凶？"

"知道我们班为什么不齐心吗？就因为你不懂我们的心！"

那个午后，我真是气晕了。所幸的是，我还没有失去理性。情绪平静后，我开始反思自己的行为。我不得不承认，学生的反驳并非全无道理。

确实，如果我能将心比心，想想烈日暴晒下学生的感受，多一点同情，多一点关心；如果我不认同寝室辅导员罚晒的体罚举措，并继之以凶言恶语相对，再"在伤口上撒盐"，那么，结果理应不会如此……

如果，如果我能认清自己"教师"的职责与身份特点，能真真正正认识到我的工作对象是活生生的人，他们拥有和我一样的为人的尊严，理应受到尊重，那么，我理当能平等相待，以理服人，以德服人，而不会只想到凭权力去压制、阻止，结果却造成冲突、隔阂，导致被学生孤立。一直以来，我对这个班级的管理，收效不大，学生和我的关系是貌合神离，班级风气一直不大好，这也许就是问题的症结所在吧！

"知道我们班为什么不齐心吗？就因为你不懂我们的心！"这一直重重的在我耳畔呼啸的话语，让我警醒：是的，我是该学着去了解他们的心了，这样，才能不去重犯"在伤口上撒盐"的错误，而走近他们的心，理解他们的心，体谅他们的心，从而赢得班级的齐心，赢得班级的健康发展！

这是十几年前我初任班主任时的一个小插曲。

至今，我的脑中还清晰的记得，那个炎热的午后，那个教室内的那场曾令我难堪、却又让我在班主任工作上受益无比的"风暴"。

（王新明）

4. 多元的、发展的评价观精神

多元、发展的评价观主张评价的多样性、灵活性和应变性，反对评价的单一性、专制性以及无条件的求同，核心是价值多元、尊重差异、鼓励创新、促进发展。这就要求班主任做到以下几点：

（1）明确评价的作用。评价的功能不是为了给出学生在群体中所处的位置，而是为了让学生在现有的基础上谋求实实在在的发展。

（2）重视多重智能。要求班主任在评价学生时，不但要重视语言和数学逻辑智能，而且也要重视其他智能的发展。每位学生的智能各具特点，学生智能的发展没有高低之分，只有优势、劣势智能的差异。班主任应帮助学生发现、培育自己的智能优势，并以强势带动弱势的发展，从而建构适合自己的优势智能组合，实现其自身和谐的发展。

（3）不能只以量化的方式描述学生的发展。"对教育而言，量化的评价是把复杂的教育现象加以简化或只评价简单的教育现象，它不仅无法从本质上保证对客观性的承诺，而且往往丢失了教育中最有意义、最根本的内容。"班主任要对学生在学习、劳动、人际交往等实际生活中的表现从多方面观察、评价和分析其优势和弱势，并把由此得来的资料作为服务于学生的出发点。

（4）评价主体多元化。要打破单一、专制的评价主体，实现评价主体多元化，让学生家长、科任教师、学生都能参与评价，尤其强调学生自评和同伴互评，把以往的"例行公事"的过程变成学生主动参与、自我反思、自我教育、自我发展过程。

（二）管理工作理念

1. 人本、自律管理意识

班主任树立起人本、自律的管理观，指班级管理要以学生的发展为基点，发挥学生的主体性，以培养学生自律能力为目的。它的本质是突出学生作为主体的权利、价值、需要，强调尊重学生、相信学生、依靠学生、发展学生。

人本、自律的班级管理要求确立学生在班级管理过程中的主体地位。班主任不能被机械的班集体建设理念所困扰，应允许并尊重每个学生有个人自我发展的个性化目标。不仅如此，班主任还要通过自己的工作引导学生确立发展个性化目标，并使之能整合到班集体发展的目标当中，从多种角度寻找与学生个体相适应的教育和自我教育的切入点，来组织班级的各项活动，让每个学生都尽可能在活动中大显身手。

人本、自律管理理念还要求班主任创设一种让每个个体产生归属感的心理环境，营造出"尊重个性，张弛有度"的班级组织文化。使每个学生在班级中都能找到属于自己的位置，因而能唤醒和激发他们主动发展的内在需要，调动其积极性。这样的管理将"教师权威"、"控制"降到了最低必要的程度，学生的主体性得到了充分的保障。

2. 民主、和谐意识

现代学生民主意识逐步增强，班主任应该充分尊重他们的这种个性心理品质，保护好、引导好、发挥好他们的这种心理需求，不要轻易去遏制。要知道民主是创新的前提，没有民主就没有创新的条件和环境。因此，每一个班主任都应当坚持民主、和谐的班级理念，善于培养学生的创新意识，尽可能给他们创造条件，发挥他们的创新才能。

在班级工作中，一是要养成良好的民主作风，善于通过多种方式听取学生对班级管理工作的意见和建议，不断改进和完善班级管理工作，使学生与老师的关系更加融洽。二是要培养学生主动参与管理的意识，充分发挥学生的主观能动性。如主题班会、文艺演出、外出野营等活动，让学生自己组织、设计、实施、管理，班主任做好引导工作。让学生在活动中感受到一种成就感，从中体会到劳动和智慧所带来的成功和愉悦。三是要赏识学生的创新精神，哪怕学生的想法是"奇谈怪论"或者说是"异想天开"，都不要打击，要抓住机会进行引导，努力开发学生的创造潜能。班主任只有在学生心中树立起一个值得信任、敬重、

可亲、可爱的形象时，才能把知识、思想、教育理念作用于学生并产生教育效果，达到教育的目的。

班主任的角色的转换

1. 由单一型向多元型转换

传统观念下，班主任的角色只是学科教师的一种自然延伸，似乎任何教师只要在自身专业方面有所长，都可担任。这种观念今天看来显然是片面的。新理念下的班主任，其角色内涵是丰富的：他不仅是"学科专家"，而且是"人生导师"、"班级文化设计师"、"模范公民"、"父母代理人"、"学生的朋友与知己"、"学生人际交往的指导者"、"学生心理健康发展的咨询者"等等，而所有这些内涵对新的时期班主任素质提出了新的要求。

2. 由权威型向对话型转换

传统教育的显著特征之一便是以教师为中心，班主任在班级管理中拥有绝对权威，学生对班主任必须绝对服从。权威型班主任培养出来的学生固然守纪、顺从，但他们亦步亦趋，依赖性强，独立性差，缺乏主动性、创造性，更谈不上具备时代所要求的创新精神。时代呼唤一种新型的民主平等的师生关系，这就要求班主任抛弃原来绝对权威的角色形

象，代之以"对话者"、"引导者"的角色，提高学生在德育过程中的自主性与参与程度，树立起新时代"生活导师"的形象。

3. 由限制型向发展型转换

传统教育意义上的班主任在班级管理中经常要求学生"不能……"、"不要……"，往往用规章制度去限制学生。这种做法对于学生形成良好行为，矫正不良习惯固然起到一定的积极作用，然而，现代教育意义上的班主任则不仅满足于此，而是更着眼于发展、挖掘学生的潜能。"人类正是在不断失败中才不断进步的"，一位哲学家说。新理念下的班主任不应把学生的失误看得太重，要与学生一起商讨如何改进与发展，进而去创造，他们对学生不是简单地训斥与限制，而是鼓励其发展与创造。

4. 由高耗型向高效型转换

传统教育意义上的班主任信奉的是"只要功夫深，铁杵磨成针"，把班主任本来极富创造性的工作简化为简单的重复劳动，结果适得其反，导致学生逆反心理，耗费了很多时间与精力，且收效甚微。而新理念下的班主任则不同，他充分认识到班主任工作的创造性与复杂性，把工作重心放在了解、研究学生，根据学生的心理特点采取行之有效、灵活多变、富有创造性的德育方法上，用最少的时间、精力去获得最佳的教育教学效果，实现德育过程的最优化。

5. 由被动适应型向主动创造型转换

新课程理念下的班主任，应是积极能动地富有创造性的主体。我们不断寻求新的工作内容与工作方法，根据自身优势和学生的特点，富有创造性地开展班级活动，形成风格鲜明的班集体。同时班主任的创造性工作观念与工作方法又必然对学生的创造性人格的形成起着巨大的作用。

6. 由封闭型向开放型转换

传统教育意义上的班主任倾向于把自己的班级看做一个单元，并把它与外界隔绝开来，管理班级自己一人包干，管理范围只局限于学生在班、在校的时候，结果往往导致"狭隘的集体本位主义"。而新课程理念下的班主任则不同，他首先认识到自己是班级各种教育力量的协调者，是联结任课教师与学生、学生与家庭的一个重要纽带。

调整班主任工作的对策

树立"人人皆可成材，生生都有作为"的全面人才观念

美国著名的教育心理学家布鲁姆曾谆谆地告诫我们："只要提供了适当的前提和现实条件，几乎所有人都能学会一个人在世界上所能学会的东西。"不言而喻，只要育人得法，说教得体，学生均能成长为不同领域的建设型人才。这就要求班主任老师必须树立全面地新型的人才理念。常言道"七十二行，行行出状元"，道理即在于此。我们不因部分学生成绩优异，可能成为高一级学校继续深造的佼佼者而备加厚爱和关注，也不因部分学生升学无望，有可能成为其他行业的劳动者和建设者而遗弃，听之任之，放任自流。素质教育的整体性要求既要培养优生，也要注意差生的教育转化工作，注意学生的个体差异，因材施教，因人说教，让其个性健康地自由延伸，充分挖掘其创造性潜力，从而有效地塑造"差生""虽然我在学业上没有多大的造诣，但在其他行业一定能成为社会主义优秀的建设者"的良好的心理品质。众所周知，世界发明大王爱迪生便是最有力的佐证。学生只要朝着既定的目标，刻苦拼搏，坚持不懈地奋斗，一定能成为某行业的专门人才，所以，班主任一定要牢固树立"人人皆可成材，生生都有作为"的全面人才观念，对每一个学生都抱有希望和期盼，从而让学生深深感悟老师的期望，感知老师的亲和，体验老师的良苦用心，激发潜在的成才欲望。

提高自己的理论素养

班级工作面临的挑战和班主任的不适应，客观上会加重班主任的负担，这是一个带有普遍性的问题。如何使班主任从繁重的班级工作中解脱出来，并不断提高自己的业务素质呢？

苏霍姆林斯基在《给教师的建议》中说："教师要想从繁重的工作中解脱出来就是读书，每天不间断地读书，跟书籍结下终身的友

谊"。天天不间断地读，知识就会像"潺潺小溪，每日不断，注入思想的大河"。班主任平时应多读书，多思考，对不懂的问题，聪明的办法就是不耻下问，向周围的同事求教，包括向自己的学生学习。一个人一生所具有的知识大多是靠自学积累起来的。现在许多教师认为要给学生"一杯水"，自己要有"一桶水"，其实"一桶水"也不够用，应该有"活水源"。而这个"活水源"的获得，要靠自学能力。古人说："君子自强不息"，班主任应自爱、自重、自强，要以锲而不舍的顽强毅力勤学苦练，去完成时代赋予的培养创新人才的重任。

班主任学习的重要内容是教育理论，通过学习教育理论来提高理论素养。用教育理论指导工作，可达到事半功倍的效果，如果盲目工作，头痛医头，脚痛医脚，那只能是事倍功半。

提高教育论素养的关键是理论联系实际，学以致用。一些优秀班主任的经验证明，学习理论，不要一下子贪多，食而不化，应该学一点用一点。边学习、边实践、边研究、边总结，是行之有效的方法。理论素养的提高与工作水平的提高应是同步的，而不是分离的。

提升自己的教育智慧

反思是现代教育关于教师专业化成长的一个重要概念。反思能力也是现代教师素质的必要组成部分。美国的教育心理学家波斯纳说，没有反思的经验是狭隘的经验，至多只能是肤浅的知识。因此他提出了教师成长的公式：成长＝经验＋反思。

所谓反思，就是自己把自己作为研究的对象，研究自己的教育理念和实践，反省自己的教育实践，反省自己的教育观念、教育行为及效果，以便对自己的教育观念进行及时的调整。

如果说"思"是指"心"上有块"田"，那么，"反思"就是指"田"上有颗"心"。不断地"反思"就是指在"心田"上长出更多的"心"。如果我们时时刻刻不断"反思"，"心田"上就会长出更多的"心"，这样，"心心"之火就会燃为燎原之势，形成一个"心心"向荣的"心"气象，创新也就会信手拈来。我们要求自己不断地"反思"，就是怕自己的"心田"荒芜了。

优秀教师应是反思型教师，反思行为表现在：

1. 对教育理念的反思

教师的教育理念不是从教科书上获得的，更不是天生的，而是在教育教学的实践中形成的。如某中学办学的教育理念是"为学生的一生奠基，为民族的未来负责"，"合格加特长，规范加特色"。教师就应该在教育教学的实践中，经常对教育理念实施反思，用现代教育的理念指导自己的行为。

2. 对教学目的的反思

教育的理念必须在教育实践中实施和验证，具体落实到每一节课。作为优秀的教师，认真地备课、写教案，在教学过程中实现教学的目的。40分钟结束了，但教师必须反思，教学目的定得合适吗？教学目的实现了吗？

3. 对教学方法的反思

课的内容和课的类型不同，在教学过程中，教师使用的教学方法也不同，有讲授法、谈话法、演示法、实验法、小组合作法、研究性学习法等等。方法的使用，取决于课的内容。课上完了，但教师必须反思、审视教学的过程，教学的方法选用得当吗？如果换另一种方法，会是什么结果？

4. 对学生评价的反思

在教育教学的活动中，教师对学生的学习行为、参与程度、情感态度、学习的效果，往往给予评价。教师评价的语言应该是鼓励的，或是引导的，或是暗示的，给学生带来被肯定的欢愉，带来成功的喜悦。但是往往有的教师对学生的评价是消极的、无礼的，甚至是粗暴的，给学生带来了心理伤害。课上完了，但教师必须反思，我对学生的评价恰当吗？伤害学生的自尊心了吗？

班主任工作规范

班主任工作职责常规

（1）按照德、智、体等全面发展的要求，开展班级工作。

全面教育、管理和指导本班学生，使他们成为"四有"新人。开学初制订好班级工作计划：明确指导思想、工作目标和要求，工作重点及主要活动安排，采取的主要措施等。期末有班主任工作总结。

（2）关心爱护每一个学生，做好后进生的转化工作。

对学生进行思想政治和道德教育，保护学生身心健康。教育学生热爱社会主义祖国，逐步树立为人民服务的思想和为实现社会主义现代化而奋斗的志向，培养社会主义道德品质和良好的心理品质，遵守《中（小）学生守则》、《中（小）学生日常行为规范》和学校、班级的规章制度。

（3）教育学生努力完成学习任务。

配合科任教师教育、帮助学生明确学习目的，端正学习态度，掌握正确的学习方法，提高学习成绩。

（4）教育指导学生参加学校规定的各种劳动，协助贯彻实施《体育卫生工作条例》，教育学生坚持体育锻炼，养成良好的劳动习惯，生活习惯和卫生习惯。

（5）关心学生课外生活，指导组织学生开展各种有益身心健康的科技、文娱和社会活动，鼓励学生发展正常的兴趣和特长。

（6）加强班级文艺建设，搞好教室的环境布置。

进行班级的日常管理，建立班级常规，指导班委会和本班的团队工作。培养学生干部，提高学生的自我管理能力，把班级建设成为奋发向上，团结友爱的班集体。坚持目标管理，组织学生开展创"文明班级"、"先进班级"活动。

（7）协调科任教师，及时了解和研究学生的思想、学习情况，协调各科活动和课业负担。

（8）做好家、校联系工作，争取家长和社会有关方面的配合，共同做好各类学生的教育工作。

（9）积极参加班主任学习培训和德育科研工作。

（10）严格执行学生学籍管理的有关规定，配合教导处做好学生的学籍管理工作，做好本班学生思想品德评定和有关评选"三好学生"、"优秀学生干部"等奖惩的工作。

案例2－5　　　某市中小学校班主任工作基本规范

为了加强对班主任工作的领导和管理，特制订我市中小学班主任工作规范。

一、总则

1. 班主任的基本任务是按照德、智、体、美全面发展的要求，开展班级工作，全面教育、管理、指导学生，使他们成为有理想、有道德、有文化、有纪律、体魄健康的公民。

2. 班主任的条件：拥护党在社会主义初级阶段的基本路线，拥护四项基本原则；热爱教育事业，教育思想端正，工作责任心强，作风正派；有一定教学水平和组织管理能力。

3. 班主任工作是中小学教师基本的职责之一，每位教师都应善于做班主任工作。新教师上岗后，学校要安排他们到有经验的优秀班主任的班里去当副班主任，学习班主任工作的基本规范。

4. 学校建立班主任工作档案，班主任工作的年限和实绩作为考核晋级、职务评定、评选先进等的重要依据。

5. 学校应加强对班主任工作的领导，定期召开班主任会议。了解情况，听取意见，指导工作。

6. 教育行政部门和学校应有计划地对班主任进行培训，组织班主任学习教育理论，交流工作经验，并补充进行思想教育所需要的新知识，努力提高班主任队伍的思想水平和业务能力。对于连续担任班主任工作达一定年限的教师，应给予休整、总结、提高的机会。

二、工作职责

7. 向学生进行思想政治教育、道德教育和心理健康教育，保护学生身心健康；教育学生热爱社会主义祖国，逐步树立为人民服务的思想和为实现社会主义而奋斗的志向，培养社会主义道德品质和良好的心理品质，遵守《中（小）学生守则》和《中（小）学生日常行为规范》。

8. 教育学生完成学习任务。会同各科教师教育、帮助学生明确学习目的，端正学习态度，掌握正确的学习方法，提高学习成绩。

9. 教育、指导学生参加学校规定的各种劳动，协助学校贯彻实施《体育卫生工作条例》，教育学生坚持体育锻炼，养成良好的劳动习惯、生活习惯和卫生习惯；培养学生自护自救能力，确保学生人身安全。

10. 关心学生课外生活。指导学生参加各种有益于身心健康的科技、文娱和社会活动。鼓励学生发展正当的兴趣和特长。

11. 进行班级的日常管理。建立班级常规，指导班委会和本班的团、队工作，培养学生干部，提高学生的自理能力，把班组建设成为奋发向上、团结友爱的集体。

12. 负责联系和组织科任教师商讨本班的教育工作，互通情况，协调各种活动和课业负担。

13. 做好本班学生思想品德评定和有关奖惩的工作。

14. 联系本班学生家长，每学期对本班学生家访一次，争取家长和社会有关方面配合，共同做好学生教育工作。

三、工作要求

15. 班主任的工作作风要民主。平等地对待每位学生，公开、公正、公平地处理问题，在班干部选拔和三好学生、优秀学生干部的评选时要主持公道。关心爱护各方面有困难的学生，尊重学生的个性和人格尊严，培养学生的自信心、自尊心、自主心、进取心。扩大优生率，缩小后进面。

16. 班主任是学生最直接的榜样，班主任要以自己的学识和人格的力量影响学生，处处为人师表，堪作楷模。凡要求学生做到的，自己率先垂范；凡要求学生不做的事情，自己一定不做。处处注意修养，遇到偶发事件，谨慎处置。

17. 班主任要加强调查研究，要了解学生及家庭情况，记好"德育笔记"，不断提高思想政治工作的针对性、时效性。

18. 班主任要结合工作实际，加强教育科研。对于特殊的学生要作个案研究，向学校提交研究报告；制订工作计划，要与教育学、心理学理论相结合，用以指导实际工作；每个学期都应有工作总结，把感性认识上升为理性认识，丰富自己的工作经验，要改革传统的品德评语的写法，敢于创新。

四、工作考核

19. 学校应依据本规范对班主任工作实施年度考评。考评结果分优秀、合格、不合格三个等级。学校平时对班级实施的日常量化考评结果是衡量班主任工作实绩的主要依据；班主任工作的计划、总结、记录、研究报告等是考评的档案依据；在年度考评中，学生、家长、科任教师等的评价是考评的重要依据。

20. 市教委每两年进行一次优秀班主任的评选和表彰。

五、附则

21. 本规范自 2000 年 9 月 1 日起在市区试行。

新课程对班主任工作要求

随着新课程的不断深入，班主任的最主要工作从内容到形式都会有重大调整和变化。这种变化应与课程改革总体目标一致。

（一）学生情感、态度、价值观的引导

新课程强调三个维度在学生个体身上的有机统一，即情感、态度、价值观，过程和方法，知识和技能。在这三个维度中，情感、态度、价值观是过去重视不够的。而从教育实践来看，它直接影响着培养目标，即培养什么样的人，这是班主任管理内容的实质。因此，在这个层面上，班主任要时刻牢记把学生培养成为有灵魂、有头脑、有专长的人，有胆有识的人，有情有义、有趣有味的人，珍爱生命、敬畏生命的人，富有理想、朝气蓬勃的人。要引导学生学会生活、做人、做事和学习，特别是倡导学生走出纯技术主义意识误区，培养自己有相对成熟的思想所构成的博雅气质。

（二）学生成长烦恼的消解

成长的烦恼是生命本真的体现，也是学生的"生长痛"。班主任要准确预测，及时解除。要通过耐心"倾听"，领悟学生生命的存在，全面了解学生的欲望、需求、情感、思想、疾苦与人际关系等，准确把握学生成长过程中的个体特征，通过设立"谈心日"、"牢骚会"等为学生设立情感宣泄的健康通道，帮助学生化解生活中的困惑与烦恼，树立积极健康的人生观和世界观，防止学生因情感压抑或迷惑而产生扭曲心理，促进其健康成长。

（三）班级文化的重构

自始至终，建立有明确主题的班级文化是班主任不可懈怠的首要任

务。要形成有鲜明特色的班级文化，班主任必须提出具体建设目标，建立相关制度，加强督导与评估，及时矫正不健康的言行和习惯。通过开展"主题文化月（周）"等活动，逐步形成由一定文化内涵所构成的班级精神，并不断提炼与升华，使学生在一定的主体精神熏陶和感染下，形成积极向上的道德人格品位和风貌。

（四）学生可持续发展的素质能力培养

培养学生可持续发展的素质与能力是一切教育活动的价值所在。不断提高学生可持续发展的学科素质与能力是各学科教学的目标。班主任应在班级建设中，有计划地开展各种综合创新实践活动，为学生提供展示素质与能力的平台，促进学生各学科素质与能力的提高与发展。同时，应有意识地培养学生善于生活、善于合作的素质和能力，鼓励学生发扬敢于标新立异、敢为人先的精神。

（五）学生成长的信息源，学生获取知识的信息平台

教师的责任不再限于传道、授业、解惑，而且要使每一个受教育者都有可能自由地发展才能和兴趣，特别是创造才能和创造兴趣；要使每一个受教育者切实会生存、会生活、会学习、会创造、会合作、会负责、会关心、肯进取、敢冒险，成为身心健康的现代人。教师不仅要输出信息，而且要交换信息，更要接受学生输出的信息。教师要促成课堂中信息的双向或多向交流，因而教师要成为课堂中信息交换的平台。

新课程背景下的班主任，必须集中更多的时间和精力去从事那些有效果的和有创造性的工作：设计、学习、咨询、组织、研究、交往。

"班主任工作现在已经越来越少地传递说教，而越来越多地激励思考。除他的正式职能以外，他还将成为一个顾问，一位交换意见的参加者，一个帮助发现矛盾论点而不是拿出现成真理的人。"

1. 设计

新课程理念下的班级管理是提倡自主化的班级管理。所谓"自主化"是指一定的范围内，不凭人为的外力作用，主动按照自己的意志活动。"自主化班级管理"是指在创新教育理论的指导下进行的教师自主管理班级、学生自我管理、自主发展的以培养创新型人才为价值取向的教育管理实践。因此班主任要把班级管理的立足点从直接管理转移到设计管理上来。班主任的这种设计师角色，是由学校教育的特点决定的。

我们倡导多让学生自主管理。每一届学生的特点不一样，班主任就要设计针对性很强的远期、中期、近期培养目标。要设计规划班级的每个学年、每个学期、每个月乃至每个星期的教育管理重点。

2. 学习

在原有的体系中，班主任是班级工作的管理者，是班级事务的权威，凡事居高临下，班主任的意见就是唯一正确的。此时的班主任，常会让学生有一种敬畏。而新课程的实施，有关班主任工作的很多不足马上暴露出来了，无论是知识上、能力上，还是控制学生的方式方法上，都明显地感受到力不从心。学生已不再是班主任手中的一颗棋子，任由班主任摆布，他们都是一些有血有肉的、活生生的、有思想、有自己见解的人。也正因为如此，仅仅满足于原有水平已不能完全胜任班主任工作，应重新学习，在课堂中、在学生中、在活动中、在教育生活中学习。

3. 咨询

青春年少是人最宝贵的黄金年代，是身心发育、威德睿智的关键时期。

生命规律决定了学生成长过程中，身体与心理的发育是不同步的，这便导致了学生成长过程中出现的一些心理困扰。心理健康，如同人的身体健康一样，对青少年学生的发展是至关重要的。但是，它与身体健康相比，更容易被成人世界所忽视。一些成年人，包括班主任，往往简单化地把青少年学生的心理健康问题看成是人的"本性"、"品德"和"智力"方面的问题，而用南辕北辙的手段来对待；或者，嘴上喊重视学生的心理健康教育，而行动上却又往往摆花架子，走形式，结果于事无补。另外，学生的心理困扰，还算不上是心理问题，只要策略科学，学生就会摆脱心理困扰的。班主任不仅应该同所有教师一样成为学生的良师益友，而且要成为学生成长的引路人。班主任要想成为学生成长的引路人，首先要做到关心学生的全面发展。就学生的整体发展而言，班主任要关心学生的身体发展和心理发展。就心理发展而言，班主任要关心学生的智力因素的发展和非智力因素的发展。班主任应该通过有效的形式，对学生进行学习目的的教育，引导他们全面发展，真正成长为道德优秀、知识卓绝、体魄强健、美感丰富的一流人才。

4. 组织

在新课程中，班级教学更重视的是小组合作学习、探究性学习，甚至还有一些实践活动课根本不可能在教室里完成，而是到广阔的社会中去体验。因此，班主任对课堂学习小组的组织及对探究学习小组的组织显得十分重要。随着课程改革的实施，小组讨论在课堂教学中得到了广泛的应用。这种形式能够体现当前新课程改革强调的主体参与思想，能让更多的学生参与课堂教学，调动学生学习的积极性和主动性。在小组讨论中，强调学生的独立思考、自主活动，在独立思考的基础上进行充分的合作，让学生在既定的教学目标下，齐心协力，优势互补，相互借鉴，产生参与探索、乐于质疑的动力和灵感，产生"1+1>2"的合作教学效果。合理的小组组合非常重要。如何分组，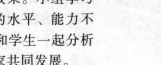能不能真正地合作，这些都需要班主任的组织和协调。必须不断地提醒小组成员，小组一旦确定下来，小组成员应荣辱与共。告诉他们如何磨合，让学生学会倾听别人，尊重别人，在互相合作中学习对方的长处。同时通过班主任对小组的表扬或鼓励，促进小组成员间的集体荣誉感，使他们更好地合作，取得共同进步的良好效果。小组学习中，还应考虑如何处理小组间的矛盾。由于小组间的水平、能力不同，学生、小组间的竞争往往会表现出来。班主任应和学生一起分析状况，确定如何把学生的这种压力转变为动力促进大家共同发展。

5. 研究

"教师是教室的负责人，而从实验主义者的角度来看，教室正好是检验教育理论的理想的实验室。对那些钟情于自然观察的研究者而言，教师是当之无愧地有效的实际观察者。无论从何种角度来理解教育研究，都不得不承认教师充满了丰富的研究机会。"研究是一种意识、态度，不是简单的方法，是教师的主体意识、主体精神、社会责任感的重要体现。它是一种自觉的教育精神，是教师成长、发展的"同义词"。

6. 交往

班主任在班级管理的过程中要接触学生家长、任课教师、学校各种管理人员、社会上的各种人士等，班主任的工作开展，实际上就是在与不同的人群打交道，就这个意义上说，班主任是协调多方关系的外交家。

首先，班主任要正确处理好班级学生的关系。班主任应放下师道尊严的架子，尊重学生，和学生的目光平视，将自己置身在班级集体之中，成为集体中的一员，与学生平等相处，提高学生在班级管理中的自主性与参与程度。

其次，班主任是联络其他科任教师的纽带。由于学科性质不一样，教学要求、授课方式、教学风格便不一致，课堂管理方式也不一样，各科教师之间便容易产生摩擦，甚至发生冲突。这就需要班主任做好协调工作。

再次，班主任要协调班级与学校之间的关系。班级是学校的最小管理单位，班级管理的目标是与学校的管理目标一致的，班主任只有深刻理解学校领导的意图，并与学校管理部门的具体要求保持高度一致，才能卓有成效地做好班级管理工作。

最后，班主任还要协调好学生与社会的关系。班主任教育理念应该是一个大教育观念，要让学生广泛地接触社会。只有把班集体融入社会大环境中，让学生在了解、讨论、探索的基础上，充分发挥他们思想中的独立性、选择性、多变性和差异性，并给予积极的引导，才是帮助学生走出思想认识误区的最好方法。只有让学生在社会这个广阔天地里摔打滚爬中成长，使思想得到不断地锤炼，才能改变空洞苍白的说教，使学生真正确立正确的世界观、人生观和价值观。可以这样说，今天的班集体是开放的、积极的，也是受学生欢迎的、容易接受的、富有意义的一种教育途径。

案例2-6　　　**探索月球奥秘活动展示实录**

一、导入

古往今来，人类就对月亮这个夜晚光明的使者怀着美好的遐想，人们编了许许多多的传说、故事、诗词乃至音乐来颂扬，这一切无不吸引着更多的人们去揭开她神秘的面纱。今天，美国宇航员早已把这个梦想变成了现实。但是，人类的探索还没有终止，我们初一（16）班学生也正投身其中。今天，我们就来汇报一下我们的战果。

二、活动概况介绍（交代活动目的、程序安排及参赛代表队）

1. 活动目的：了解月球知识，培养想象和科学精神。

2. 活动程序：介绍研究情况；擂台赛（节目表演穿插其间）。

3. 介绍参赛代表队：A. "月之影" 队；B. "月之声" 队；C. "月之梦" 队。

4. 各小组长介绍本小组活动组织情况。

三、认识月球奥秘活动展示流程

1. "月球知识擂台赛" 第一回合：必答题。

A组：（1）请说出美国首次登月 3 名宇航员的名字；（2）此次登月探险来回经历了几个小时？（3）月球绕地球公转周期约多少天？

B组：（1）月球离地球的距离是多少？（2）美国宇航员首次登月乘坐的飞船名称是什么？（3）月球最高温度可达多少度？

C组：（1）人类首次登上月球的确切时间是哪年哪月哪日？（2）时任美国总统是谁？（3）月球的密度约为地球的几分之几？

2. 表演小品《大战外星人》。

3. "月球知识擂台赛" 第二回合：抢答题。

（1）请说出人类历史上两名天文学家的名字及主要贡献。

（2）瞎子阿炳曾演奏过一首关于月亮的乐曲，请问是什么？

（3）为什么会发生 "月食"？

（4）刘方平《月夜》中 "虫声新透绿窗纱" 的上句是什么？

（5）月球和地球谁的年龄大？你的依据来自什么？

（6）对句：海上生明月。

（7）宋代词人苏轼写了一首关于月亮的名篇，请问其词牌名是什么？

（8）说明月饼的来历。

（9）美国和日本的专家提出了 "在月球上织网" 的设想，请问这 "织网" 指什么？

（10）关于月球起源，科学界提出了三种理论，分别是什么？

4. 表演相声《说月亮》。

5. "月球知识擂台赛" 第三回合：风险题。

（1）拼对联，诗句接龙；

（2）背一首与月亮有关的诗词；

（3）讲一个与月亮有关的传说故事。

（4）唱一首与月亮有关的歌曲。

（5）情景描述：

你生活在毫无生气的广寒宫，你知道，今天地球上又是月圆之日，你想到自己来广寒宫已多年了，望着这宫中冰冷的摆设，不由地想起当年来到月球时的情景……

（6）记忆力测试：

播放录像《月相流程示意图》，停留半分钟，根据记忆从外形、颜色、想象等方面来解说。

四、播放王菲演唱的苏轼词《明月几时有》，学唱歌曲

五、公布成绩，作小结

六、作业：将本次活动见闻记录在练笔本上，为写作做准备

通过这个课例，当我们进入了新课程改革的活动情境之后，可以得到一些怎样的启示呢？起码在以下几个问题上，可以引发我们的思考：

课程内容的启示：

从这个课例的知识内容来看，我们能清楚地界定这是哪个学科的课程吗？是语文，还是地理？是历史，还是音乐？都不是，或者说都是，因为这是一节由多个学科知识相互交叉、渗透、交融构成的综合性课程。这样一种多学科相互渗透、交融的活动情境，对教师的劳动方式提出了新的要求。如果说，在以往单科教学的活动情境中，教师基本上是以一种"个体化"的劳动方式从事教学活动的话，那么，在新课程改革中产生的这样一种多学科相互渗透、交融的教学活动情境，则需要超越"个体化"的局限，进入教师群体协调合作的活动情境之中。

活动主体的启示：

从这个课例的活动主体来看，它明显区别于以往课堂教学的地方，一是课堂活动不再是由教师来主宰；而是由学生自行控制活动的全过程；二是学生在学习过程中，改变了以往那种"授——受"的被动模式，转变为一种"自主——合作"、"实践——探究"的主动模式。

活动方式的启示：

从这节课的活动方式来看，无论是准备知识竞赛的内容，还是相声节目的排练；也无论是三支参赛队伍的组织，还是节目表演者的物色，都已经从有限的课堂活动空间延伸到无限的课外空间，把个体单独进行的学习活动整合为群体共同协调开展的研究活动，体现出"自主，合作，探究"的鲜明特征。

组织形式的启示：

从这个课例的教学组织形式来看，如果相对以往的课堂教学组织形式而言，这不像是某个学科传授知识的课堂教学，而更像是一次由班主任组织的主题班会。

这个课例告诉我们，由于新课程改革，尤其是综合实践活动课程的改革，涉及更多的综合因素，需要更多方面的协调合作，更依赖于一种班级活动情景，更依赖于一种班级文化氛围，已经不再是纯粹意义的学科教学工作，不单是由科任教师可以单方面承担的课堂知识传授活动。因此，班级管理工作对新课程改革的支持相对以往的课堂教学活动而言，显得更加直接，更加重要，更具有不可替代的功能和作用。

我们不知道这节综合实践活动课的设计者和实施者是该班的科任教师还是该班的班主任。如果这位设计者和实施者既是该班的科任教师，同时也是该班的班主任，那么，其成功是必然的。因为这种"两位一体"的角色组合，是进行综合实践活动课改革的必要前提。如果这位设计者和实施者仅仅只是该班的科任教师的话，那么，我们不难发现，在这个成功的课例背后，始终站立着一位默默地给科任教师以支持和配合的班主任，他们相互之间的紧密合作，为这个课例的成功奠定了重要基础。

班主任与科任教师角色互补，正是新课程改革取得成功的必要前提。

那么，当我们提出班主任与科任教师角色交互性的问题，提出班主任要对科任教师的课程改革活动给予必要的支持和配合的要求时，是否只是因为有了这次新课程改革，才提出这样的一些问题和要求呢？这是否是额外附加给班主任的职责和任务呢？

在讨论这些问题前，我们先来看一个有关班主任工作范畴的"示意图"（见下图）。

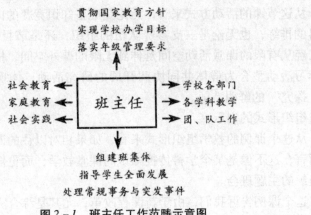

图2－1 班主任工作范畴示意图

　　这个"示意图"，勾勒出一个"上下贯通、左右协调"的班主任工作网络系统。在其中的"左右协调"领域，明确规定了班主任要协调组织学生参加社会实践活动，要协调本班科任教师群体之间的教学工作。

　　可见，这种协调性要求，本来就是对班主任工作的一种规定性。在新课程改革的背景下，尤其是在班级开展综合实践活动课程的改革过程中，由于遇到更多需要综合协调的问题，所以才更加凸现出班主任这种协调性功能。

第三章

班主任工作的基本要求

充满热情，矢志不移

著名励志大师阿尔伯特说过："一个人如果不具备热忱的心，他就很难取得成功。任何伟大的人，不管是音乐家、教育家，还是领袖，对他的事业，对他所从事的工作，都是满腔热忱、兴致勃勃、全力以赴地投入。这个世界为那些具有真正使命感和自信心的人大开绿灯，到生命终结的时候，他们依然热情不减。无论出现什么样的困难，无论前途看起来多么暗淡，他们总能够实现自己心中的蓝图。"

当年郭沫若写《凤凰涅槃》时，为了获取灵感，在大雨天躺在地上，热烈地拥抱大地，让大雨滋润他的才思，让雷电点燃他的灵感，这样他才写出了如江涛般澎湃激昂的诗篇，充满浪漫主义色彩，一举改变旧诗一统天下的局面，为中国现代文学开创了一条新的道路，也为自己赢得了无限的荣誉。从郭沫若身上，我们可以看到，热情是任何事业的灵魂。

热情也是成功的基石。成功与其说取决于人的才能，不如说取决于人的热情。诚实、能干、友善、忠于职守、淳朴……所有这些特征，对准备在事业上有所作为的年轻人来说，都是必不可少的。但更不可或缺的是热情，应该将奋斗、拼搏看作是人生的荣耀。如果你无法将自己的全部身心都投入到工作中去，那么无论你在什么岗位上，都可能沦为平庸之辈。

热情同样是做教师、做班主任必不可少的品质。

我们先来看看著名班主任周进华老师的故事。

1998年10月29日晚上7：30，重庆市万州双流礼堂灯火辉煌，花团锦簇。一台名为"众志成城兴教育"的大型文艺晚会正在上演。当《无悔的选择》推上台时，全场观众深深为话剧中的主人公，舞台上的主演——万州区双流小学春蕾班班主任周进华那热爱山区教育、热爱山区学生的动人事迹所打动，许多观众情不自禁地流下了泪水。

1986年，中师毕业的周进华，放弃到城里重点小学任教的机会，毅然来到位于海拔1700多米的九台山下的双溪乡小学。这里重峦叠嶂，沟壑纵横，地处偏僻，交通不便，信息闭塞，是三峡库区的特困乡。刚来时，学校条件的艰苦远远超出了她的想像：三位女教师同住一间阴暗潮湿的土屋，课桌破破烂烂，三四个学生挤坐一条板凳……面对这些，她也曾犹豫过。但每每想到求知若渴的山里娃，每每想到那一张张充满稚气而天真的脸，她就又坚定了自己的信念，越来越感到这里需要她。14个冬去春来，双溪乡小学分来又调走60余人，周进华却始终坚守在这里，撒播着文明和真善美的种子。

1989年春，她与万州城郊小学教师姚厚均结了婚。为了结束牛郎织女的生活，组织上关心她，决心将她调到丈夫学校附近的小周初级中学。小周初中地处万城城区繁华的郊区，交通方便，夫妻团圆，生活和工作环境都将大为改善，这是一件十分值得令人庆贺的事。

离校那天清晨，当周进华提着行李来到车站时，孩子们已排好队站在那里了。他们眼泪汪汪，有的帮她拿行李，有的送给她小礼物。她的喉咙像被什么哽住，赶紧扭头上了车。车窗外孩子们的哭声连成一片，她们多么舍不得周老师走啊！经过一番思想斗争，她终于作出了决定，擦干眼泪下了车，激动地对孩子们说："同学们，别哭了，老师不走……"

就这样，为了心中的信念，为了山里的孩子，周进华放弃了调入城郊学校的机会，默默地留了下来。不仅如此，她还动员丈夫于1993年从城郊中学调到了双流小学。

1994年9月，全国妇联、中国儿童少年基金会实施"春蕾计划"，选择失学儿童特别集中的双流乡开办"春蕾班"，几度失学的50名女童得以重返校园。班主任和语文教学的重担落到了周进华肩上。

"春蕾班"开学第一天，是周进华一生中最难忘的一天。50名失学女童站在操场上，她们穿着破旧，有的光着脚丫，披散着头发，用陌生的眼光瞅着周进华。周进华把她们带进教室，发现不少孩子头上、身上长了虱子，有的还长了黄水疮，手上、脖子上积了一层污垢。周老师买回洗发精、香皂、发夹、发圈，借来几个炉子、大锅，亲自烧水，安排她们洗头洗澡，教她们怎样刷牙，怎样扎好头发换上救助的新套装。然后把长疮的孩子带到当医生的父亲处免费上药。从那以后，周进华规定她们每天早晚刷牙，睡前洗脸洗脚，周末回家洗头、洗澡。后来，这些农家女孩渐渐养成了讲卫生的好习惯。

家住龙台村的李德琴同学，开学好几天一直独来独往，沉默寡言，

91

上课心不在焉，常呆呆出神。晚上放学后，周老师把她带到寝室，亲切地拍着她的肩膀询问原因。李德琴哇的一声哭了起来。原来暑假中，她家房屋被山洪冲垮，父亲病故，妈妈拖着她和年迈的外公、年幼的弟弟在小棚中过着常人难以想像的生活。所以她想退学帮妈妈干活。周老师紧紧搂着她，为了安慰她，开导她，晚上，周老师打发丈夫到别人家去住，把小德琴留在自己家里，给她讲要坚强地面对困难和挫折，学业不能半途而废的道理。夜深了，看着熟睡的小德琴，周老师不禁落泪，小德琴太需要关心了！她从衣柜里找出自己的衣服，连夜为她改做了两套。第二天小德琴穿着周老师为她改做的"新"衣，露出了开学以来的第一次笑容。周末，周老师还带了些吃的穿的和钱去看望了她家里人。

周老师就是这样把50个春蕾女童都当作自己的孩子一样关爱着。孩子们有了什么困难，她都想办法帮忙。

周进华埋头深山育春蕾，为振兴山区教育事业作出了巨大贡献。祖国没有忘记她，授予了她各种各样的荣誉。面对鲜花和荣誉，周进华谦虚地说，作为一名教师，她只是做了自己应做的事。

是因为对教育事业的热爱，周进华选择了大山；也是因为对孩子们的热爱，她选择了大山；热爱教育与热爱孩子，在她的生命中不可分割地连在一起，使她终生离不开大山。不管怎样，周进华的选择都是无悔的，因为她所做的是给国家带来希望的培育春蕾的工作。周进华是平凡的，因为她与其他教师一样在平凡的岗位上默默地工作；周进华又是不平凡的，因为她比其他的教师更好地展现了一名教师应该具有的爱岗敬业的精神。

热情，使我们的决心更坚定；热情，使我们的意志更坚强；热情，是生活的源泉；热情，是艺术的母亲；热情，是一种积极向上的力量，它促使我们立刻行动、排除万难，直到成功！

不要畏惧热情，如果有人以半怜悯半轻视的语调把你称为狂热分子，那么就让他这么说吧。做教师、做班主任如果在你看来值得为它付出，如果它是对你的一种挑战，那么，就把你所能够发挥的全部热情都投入到其中去吧。

当你兴致勃勃地工作，并努力使自己的学生、学生家长、校长乃至社会各界满意时，你所获得的回报就会更多。

记得有位伟人曾这样告诫世人："请用你的所有，换取对这个世界的理解。"而我要这么说："请用你的所有，换取你对工作的满腔热情。"

富有责任，教育才会有深度

许多人都看过这个故事：

乔治做了一辈子的木匠工作，他因敬业和勤奋而深得老板的信任。年老力衰，乔治对老板说，自己想退休回家与妻子儿女共享天伦之乐。老板十分舍不得他，再三挽留，但是他去意已决，不为所动。老板只好答应他的请辞，但希望他能再帮助自己盖一座房子。乔治自然无法推辞。

但此时乔治已归心似箭，心思全不在工作上了。用料也不那么严格，做出的活也全无往日的水准。老板看在眼里，但却什么也没说。等到房子盖好后，老板将钥匙交给了乔治。

"这是你的房子，"老板说，"我送给你的礼物。"

老木匠愣住了，悔恨和羞愧溢于言表。他一生盖了那么多豪宅华亭，最后却为自己建了这样一座粗制滥造的房子。

同样一个人，可以盖出豪宅华亭，也可以建造出粗制滥造的房子，不是因为技艺减退，而是因为失去了责任心。如果一个人希望自己一直有杰出的表现，就必须在心中种下责任的种子，让责任感成为鞭策、激励、监督自己的力量，使自己在工作中没有丝毫的懈怠。

优秀的教师从来不会推卸他所肩负的责任，相反，会把责任作为自己的神圣使命。

缺乏责任，教育便少了良知。

富有责任，教育才会有深度。

梁启超先生说过："在教育界立身的人，应该以教育为惟一的趣味，更不用说了，一个人若是在教育上不感觉有趣味，我劝他立刻改行。"

我也曾看到过一篇短文，说：遇到什么样的老师，学生你没法选择，就像你没法选择你的父母一样；假如一生中能遇到一个很好的老师，你是幸运的，遇到两个好老师，你是幸福的。作为教师的我，为什么不努力当一个让学生感到幸福的老师呢？那就要热爱教育事业，关心学生，为学生的将来负责，真正成为一名好教师！

正如林崇德教授所说的："大中小学教师都要有爱的教育。师爱是教育的灵魂，是教师教育学生的感情基础。师爱在性质上是一种只讲付出不计回报的、无私的、广泛的却没有血缘关系的爱，是一种严慈相济的爱。""爱自己的孩子是本能，爱别人的孩子是神圣。"虽然林崇德是知名的大学教授，而我们只是中小学教师，但他对学生的这种无私的爱难道不是我们每个教师所敬佩和所要追求的吗？由此，我想到，大学生、研究生需要爱，我们每天面对的中小学生正处在行为习惯的养成期，正处在良好思想道德品质形成的初级阶段，犹如荷叶上脆弱的露珠，不是更需要我们细心的呵护和爱吗？不可否认，我们的老师是爱学生的，但我们的爱是否能被学生接受，是否有利于学生的健康成长？当学生回答不出问题的时候，我们是微笑着鼓励还是狠狠地批评？当学生犯了错误的时候，我们是心平气和地交流，还是暴风骤雨似地抨击，抑或是请来家长一起"教训"？当学生遇到困惑的时候，我们是循循善诱地引导，还是置之不理？当学生心灵受到伤害的时候，我们是用爱心抚慰他脆弱的心灵，还是高谈阔论一番大道理？这些都值得我们深思。"爱在细微处"——正是我们每一位教师所应该遵循的准则。

有了爱心，就会很自然地生出崇高的责任心。在责任心的驱动下，教师必然会严于律己，追求工作的高标准，在实际工作中，也一定会多动脑筋多想办法，解决问题的思路和方法就会灵活多样，处理问题的效果也会好得多。

有了责任心，对待学生就一定会像林崇德教授那样"爱在当严处"。林教授常对学生说："我的恩师是怎样培养我的，我就怎样培养你们"。他爱学生而严格要求学生，并首先严格要求自己、处处以身作则、为人师表；他淡泊名利、廉洁从教，坚决反对学术腐败。在学术研究中，他尊重原始数据的积累，从不弄虚作假，使他的学术水平和学术成果同他的人格一样高。他要求学生不能抄袭别人的成果，不能随意更改任何数据，要求学生从具体小事做起，把做人与学业发展结合起来，吓跑了那些想在文凭上蒙混过关的学生，招来了一批在学术上和道德上都严格要求自己的良才。正是由于他全面关心学生的进步，在学生"做人"上严格要求，在做"学问"上严格要求，在思想上和生活上无微不至。他才深得学生的爱戴，才培养出大批"超越自己、值得自己崇拜的学生"！

这使我不由得联想到我们许多中小学教师也信奉着"严师出高徒"的信条，对学生严厉有加而关爱不足。我们常常挂在嘴边的"这是恨铁不成钢"、"这都是对你好"是否真正达到了"爱"的目的？为了让学生在考试中取得好的成绩，不惜牺牲业余时间给学生补课、布置大量的作业，剥夺了孩子玩耍的权利；为了将尽可能多的知识传授给学生，下课铃响了还在喋喋不休，连课间的 10 分钟也不放过；在学生不能正确回答问题的时候，回敬一句"这么简单的问题都不会！"在学生犯了错误的时候，"义正词严"地说"为什么总是犯这么低级愚蠢的错误！"试问，这样的"严格要求"是否有利于学生的身心健康、人格完善，是否有利于学生的终生发展？假如我们口里喊着爱学生的口号，实际上干着摧残学生的事，又怎能想到对学生实施"跟踪服务"呢，又怎能想到学生今后的发展呢？

爱心和责任心联姻，催生的是不甘落后的上进心。

一个国家、一个民族，如果没有现代科学，没有先进技术，一打就垮；而如果没有优秀历史传统，没有民族人文精神，则不打自垮。对一个人来说，"科学素质"可作强身之道，而"人文素质"当是立身之本。对于一个具有爱心、责任心和上进心的老师来说，"科学素质"和"人文素质"都应自然地具备。

终生学习，学习终生

我们所赖以生存的知识、技能会像车子、房子一样，随着岁月的流逝不断折旧。这绝非危言耸听。美国职业专家指出，现在职业半衰期越来越短，比如，当 10 个人中只有 1 个人拥有电脑初级证书时，他的优势是明显的，而当 10 个人中已有 9 个人拥有同一种证书时，那么原来的优势便不复存在。

在人才济济的教师行业，思维活跃、能力超强的新人或者经验丰富的业内资深人士不断涌进，可以说，你每天都在与上千万人竞争。因此你必须不断提升自己的价值，增进自己的竞争优势，学习新知识并在教学当中学到新的技能。也就是说，如果你停止学习，那你将无法永远保持优势，甚至失去立足之地。

程实是某中学一名优秀的老教师和老班主任，学生走了一茬又一茬，她却一直坚守在那里。

日常的教学她很投入，这几年信息化教学和课程改革进展较快，要求老师既要有专业所长，又要知识广博。她感觉在实际教学过程中知识储备不够，因此，课余有空，她就去找一些教学方面的书来看。因为她是初中毕业，在教课的过程中常感到力不从心，常常被一些新知识所困扰。每到这个时候，她都会认真地向别的老师请教。工作之余，她还经常找各种机会出去进修，以便提升自己的教学水平。

程老师最让人钦佩的地方在于，当她已经是同行中的优秀者时，她没有自满，而是选择了继续学习，使自己的事业再攀高峰。无论是在教学生涯的哪个阶段，学习的脚步都不能稍有停歇，把工作视为学习的殿堂。你的知识对于你的职业而言是很有价值的，正因为如此，你必须好好自我监督，别让自己的技能落在时代后头。当你的工作进展顺利的时候，要加倍地努力学习；当工作进展得不顺利，不能达到工作岗位的要求，那就把学习的分量加倍吧——在瞬息万变的现代社会里，"学习"是让我们能够为自己开创一番天地的利器。当我们试图通过学习超越以往的表现，生命才会更有意义。

如果沉溺在对昔日以及现在表现的自满当中，学习以及适应能力的发展便会受到阻碍。不管你有多少成功，你都要对教师生涯的成长不断地投注心力，如果不这么做，工作表现自然无法有所突破，终将陷入停滞甚至是倒退的境地。

教师是人类文化的传播者，是学生成长的引路人，教师所从事的是开发人类智力资源的事业。要让学生在漫长的学习过程中始终如一地保持对学习的热情，这就需要教师源源不断地带给学生永无止境的知识和精神力量。

教师自身的提高，是知识经济时代的需要，是课堂教学的需要，是教师工作的需要。教学如逆水行舟，不进则退，慢进也是退。作为教师，应该在知识信息大爆炸的时代里，不断充实知识，更新观念，拓宽认知领域，终生学习，学习终生，只有这样才能得到更快更好地成长。

如果你发现自己需要学习什么，就立即行动吧，千万别拖延，也别以没时间为借口。就像一句古谚所说："你的船要是有了破洞，就花点时间补好它。"否则，一处缺陷抵消了许多长处，功亏一篑，会失去许多成功的机会。

在创新中创造教育的精彩

牛顿是伟大的物理学家。当有人问他如何取得这样大的成就时，他的回答是：

"没有别的诀窍，因为我整天想着去发现。"

牛顿的这句话，实际上说出了所有创新者的核心秘密：要取得成功，首先就必须让创新成为工作的主旋律。

可是，一提到创新，我们很多老师往往有一种神秘感和可望而不可及的畏惧感，认为那是朱永新、李镇西他们干的事。自己没有资格，也没有能力去创新。什么是探索创新？张群力老师如是说："学无定法，教可择法，亦可创法。"这里的法没有定论，可以是一种新颖的解题方式，可以是一节独到的课堂设计，也可以是一次与学生别开生面的谈话。只要你的心中有学生，有了创新的勇气，想要铸造教育的精彩，你便可以真正理解陶行知的创造宣言："处处是创造之地，天天是创造之时，人人是创造之人，让我们至少走两步退一步，向着创造之路迈进吧。像屋檐水一样，一点一滴，滴穿阶沿石。点滴的创造固不如整体的创造，但不要轻视点滴的创造而不为，呆望着大创造从天而降。"

我们先来看一个普通教师的创新故事：

中国创造教育委员会委员、中国心理学会会员、中国科技教育协会理事、中国发明协会理事。我们很难将这些头衔与一位普通的小学

97

教师联系在一起。他就是中原油田油建第一小学科技课教师杨建庄。15 年来，他辅导学生完成创造发明 2600 余项，其中 180 多项获市地级以上发明奖，两项获国家发明专利。他编写了 180 万字的《创造性思维训练课》和《创造活动课》教材，研究发明了 360 多件教具，50 多篇论文在省部级和国家级刊物上发表，并有 34 篇获奖。他承担的全国教育科学"八五"规划重点课题"创造教育实验与研究"中，有两项子课题分别获国家教育科学优秀成果一、二等奖。杨建庄老师还先后荣获"河南省优秀教师"，"全国优秀科技辅导员"、"全国教育系统劳动模范"等称号。这些成绩和荣誉的取得凝聚了杨老师无数的汗水和心血。

杨老师十分注重培养学生的创新素质，他的课内教学和课外活动都围绕着这一目标展开。为了寻求提高创新素质的有效途径，杨老师刻苦研究了国内外大量教育教学改革的新成果，创造性地提出了"三基一强化五阶段"教学模式。经有关部门论证后认为，该模式有利于学生智力激活度和创新主动性的提高。在实验教学上，他创造性地归纳出"脑力振荡、开放想像、形象分合、发散集中、探究研讨"等教学策略和"民主和谐、成功激励、求异求优、延迟判断、积极评价"等教学原则，构建出了"三维同步增长创造性教学"的理论与实践模式。

杨建庄每年带新生时都要对他们进行科技"启蒙"：蒸汽机的发明带动了纺织工业和交通运输业，发电机、电话机、电动机带来了工业革命的飞跃；电子计算机和生物工程的问世，标志着人类进入了一个新的时代。杨建庄总是绘声绘色地给学生讲述，当学生已完全被吸引，他忽然"峰回路转"、"本世纪能源、交通、环保等方面的研究项目，有的只完成一半，有的才正式列出课题，我们应该怎么办？"学生们壮志凌云，异口同声地回答："靠我们这一代来完成！"杨建庄深知通过科技启蒙激发学生的创新意识仅仅是培养创新素质的起点，创造性思维才是创新素质的内核。杨老师总是不失时机地启发学生的创造性思维。在科技活动课堂上，杨老师拿着蝴蝶标本问学生："用蝴蝶的形状设计什么物品？"教室里顿时热闹起来："蝴蝶形发卡、蝴蝶形钱包、蝴蝶形书包、蝴蝶形扣子……"杨老师又拿着一枝钢笔问："钢笔同哪些事物组合能增加新的功能？"同学们回答："同圆珠笔组合可成为两用笔，同握笔器组合能迅速掌握正确的握笔姿势，同电子表组合可以计时，同大字笔组合可写大小字，同涂改笔组合写错字可立即改正……"杨建庄正是通过这种启发性的提问，逐渐把学生引入发明创造的殿堂。

杨建庄老师认为培养学生的创造思维能力必须与培养学生创造实践能力紧密结合起来。在创造实践中，杨建庄和他的学生们经历了常人难以想像的困难，也品味到了常人难以体验的成功后的喜悦。1998年2月，郭玉宁等几个同学在修电器时，发现拧穴槽深处的螺丝因手伸不进去，不好拆装，便产生了发明新型螺丝刀的念头，杨建庄用组合和仿生创造技术启发他们，经过82次的修整与试验，终于发明出了"抱抓螺丝刀"，使深槽里的螺丝拆装方便快捷。这项成果获国家发明二等奖。

杨建庄老师十分注意加强自身的学习。为了弥补自己知识的"先天不足"，他刻苦自学获得大专学历，接着又攻读了高等物理学、化学、生物学，研读了《创造教育学》、《创造心理学》、《创造工程学》、《发明实践学》等30多部书籍，写下了140多万字的学习笔记。

杨老师指导学生完成的两千多项创造发明无不凝结着他的汗水和心血；杨老师编写的教材、论文，发明的教具，无不体现着他的创新精神和对创造教育的热爱与执著。

现今我们在全面推行素质教育，培养学生的创新素质是其中的一个重要组成部分。杨建庄老师以培养学生的创造意识、创造思维和创造能力为己任，大胆改进教学模式，矢志创造教育，用自己的行动为我们做出了榜样。

鲁迅先生说："这世上本没有路，走的人多了，也就成了路。"今天的班主任教师不仅要有"一条道走到黑"的坚守，更要有"一条道天不黑就走到"的探索创新。明天的教育需要踩着荆棘前行的先锋，需要"智慧"的探索创新者。歌德说：没有勇气一切都完。我们得拿出勇气，去走虽艰辛却甜蜜的教育之路。用"不求完美，但求卓越"的思想指引我们，在教育的"百花园"中开出自己独特而绚丽的奇葩！

教学相长，向学生学习

一位硕士生被分配到一所高中教生物课。为了使学生为自己硕士生的才学所折服，并对他刮目相看，树立自己在学生心目中的高大形象，他煞费苦心地准备了一个关于"克隆"的主题班会。让学生们回去利用星期天的时间，通过各种途径搜集材料，以便在下周一的班会上发言。

学生们在家里忙得不亦乐乎，他本人也没有闲着，费了好大的工夫搞了一个讲话稿，准备在班会上好好地亮亮相。

星期一到了，他一开始很谦虚地向同学宣布："我们今天的主题班会是对'克隆'问题的探讨了解，大家回家之后肯定做了充分的准备，下面请同学们踊跃发言。"

话音刚落，一位同学"噌噌噌"跑到讲台上来，从"克隆"这个词的含义，到目前世界上"克隆"这一课题的最新研究成果，说得头头是道。老师有些目瞪口呆。然后又有一位同学，走上讲台，从克隆羊到克隆人，一、二、三、四，说得有声有色，又让老师瞠目结舌。

整个主题班会，全部由学生们来当主角，搞得相当精彩，最后，老师精心准备的讲话稿居然没有好意思拿出来。

班会结束之后，老师问刚才首先登台的两位学生："你们是从什么渠道搜集到材料的？"第一位同学说："我回家从网上查的。"第二位同学说，"我回家问我爸爸的"。"你爸爸是做什么的？""我爸爸是复旦大学生物工程专业的博士生导师。"

老师无言地点着头，陷入了沉思之中。

一千多年前的韩愈早就说过："弟子不必不如师，师不必贤于弟子。"看来，韩老先生真的没有说错！

这件事情当然也应该引起所有教师的思考。

过去，我们经常说一句话："要想给学生一碗水，自己首先要有一桶水。"这句话在过去说来或许有一定道理，时代发展到今天，可能教师有一桶水已经解决不了问题了，成了杯水车薪了。教师传道授业解惑的任务已经远远不能满足学生们的要求。在新形势下，教师应该和学生共同成长。

一位在国内很有影响的特级教师告诉我们："你教给学生的和学生教给你的一样多。"

这话的确是耐人寻味的。

我们处在一个知识爆炸的时代、一个信息社会，获取信息的渠道多种多样。囿于我们的工作特点，我们有时候很难及时了解最新信息。而学生因为人数众多，一个学生就是一个信息来源，他们占据了多渠道、多侧面，因此有些信息老师不了解的，未必学生们也不了解。正是因为如此，有很多老师在那里感慨："现在的学生太难教了！"

是现在的学生难教了吗？那么，现在的学生为什么会变得难教了呢？

我们不妨回顾一下过去人们的生活状态。20 世纪，人们的生活可以明确地分为三个阶段：学习——工作——晚年。从小学到高中，甚至到大学，学习完了就参加工作，然后退休，享受晚年的清闲生活。可以说，那个时代，人们的学习只需要一个阶段就可以。十年寒窗过去之后，学到的知识终生受用不尽。现在，这样做还可以吗？不可以了。我 们每天都会面对一些新问题，我们仅仅凭借高中（或者是大学）学过的那点知识，已远远不够了。过去那种"学一阵子，用一辈子"的观念已经不合时宜。我们必须树立终生学习的观念，每天都要学习，每天都要有所收获、有所提高；否则，就很容易落伍，而一旦落伍则很可能被淘汰出局。

两千年前的孔老夫子说："三人行，必有我师焉。"新的时代要求我们改变心态，放下架子，蹲下身子，与学生一起去探求真理、发现真理，开创教师和学生真正平等的对话平台。只有在这样的环境中，老师才能寻找到和孩子们谈话交流的轻松、心灵坦诚的和谐，在鼓励学生进步的同时，发展、提升、超越自我。

因此，老师应该学会向学生学习。

做个多才多艺的现代教师

有这样一个发生在校园的故事：

一年一度的"六一"儿童节又快来临了。"六一"儿童节，是小朋友的节日，是小朋友欢庆的日子，也是小朋友展现才华的机会。

学校为了使一年一度的庆"六一"活动活泼而有特色，就规定每班根据自己的强项自编自演一个节目，具体内容自定，由班主任全权负责。得到这样的通知，各班主任犹如"八仙过海，各显神通"，有的编了印度舞，有的编了个小品，有的组织大合唱，有的则是歌伴舞。正当大家忙得不可开交的时候，三（2）班的班主任黄老师却毫无动静，要知道她对平时的一些竞赛活动可是很积极的呀，而且每次都能捧回好成绩，可这次到底是为什么呀？后经其他老师说，原来她觉得自己去编排舞蹈吧，动作是那么僵硬，去搞个相声、小品什么的，自己又从没试过，她觉得自己精神都快要崩溃了，难以胜任这项工作！看来，一个教师只会教书，使学生能书面考出好成绩是远远不够的！

教师是人类知识的传播者。教师的基本任务是教好学生，把学生培养成德、智、体等诸方面发展的建设者和接班人。甚至有些老师认为，能把班级管好、教书认真、使学生能考出好成绩的教师就是好老师，但教师真的只要会教书就行吗？如上例的班主任，她教书也很认真，全班考试总成绩也总是在年级前几名，但你看，一旦活动来了，她就傻了，没办法了。这只是一个小插曲，在 21 世纪的今天，在大力提倡素质教育的今天，像这样的活动肯定会越来越多。由此可见，教师，不单单要会教书，还要懂得其他许多方面的东西，比如在英语盛行的今天，学一点常用口语，以免学生"一问三不知"；又如在信息快速发展的今天，对计算机、网络知识也应有所了解，以免成为当今时代的"文盲"；同时学一点书法、钢琴等，在指导个别学生时也可"大显身手"。总之，当今时代的教师，应该是多才多艺的教师。那么，怎样才能使你变得多才多艺呢？

不断学习

一所学校要成为名校，首先要有文化积淀；一名教师要成为名师，也必须要有文化积淀。而积淀的形成，一条最重要的途径就是学习。这个学习，不但要学习专业知识，而且要学一些相关的学科知识、教育科学研究知识及一些美育、德育知识，尽量使自己具备现代教师的知识结构，使自己在知识才能上胜过他人。同时，作为教师，还可以学一些钢琴、琵琶、书法等艺术，以陶冶自己情操，提高自身修养，成为真正的多才多艺的现代教师。

不断挖掘

有人说："人的潜能是不可估量的，就看你怎样去挖掘。"确实，我们大多数人都潜伏着巨大的才能，这种潜能一旦被激发，便能做出惊人的事业来。如：在美国西部某市的法院里有一位法官，他中年时还是一个不识文墨的铁匠，现在60多岁了，却成为了全城最大的图书馆的主人，获得许多读者的称誉，被人认为是一位学识渊博、为民谋福利的人。这位法官唯一的希望，是要帮助同胞们接受教育，获得知识。可是他自身并没有接受系统的教育，为何会产生这样宏伟的抱负呢？原来他不过是偶然听了一篇关于"教育之价值"的演讲。结果，这次演讲唤醒了他潜伏着的才能，激发了他远大的志向，从而使他做出了这番造福一方民众的事业来。因而，要想使自己成为多才多艺的现代教师，也得不断地挖掘自己，认识自己。确实，有些事情你不去做，总觉得你是不懂、不会的，若一旦你去做了，你就会觉得做这件事并不是很难，你也能做好。如有位老师，从未排练舞台节目，她总觉得这事是属于艺术细胞特强的人干的，自己肯定不行，但在某一年的"六一"儿童节，由于时间紧、人手少，她也不得不被推上场，结果经她指点的舞蹈居然抢了个"头彩"，从而使她对自己有了新的认识：嘿，想不到我也行！由此可见，一个人的才能并不是生来就有的，而是需要他自己去挖掘、去发现！

那么怎样才能激发一个人的潜能呢？

经调查有关成功人士得知：有的是由于阅读富有感染力的书籍而受到启发；有的是由于聆听了富有说服力的演讲而受到感动；有的是由于朋友真挚的鼓励而受到激发。而对于激发一个人的潜能，作用最大的往往就是朋友的信任、鼓励、赞扬。因此，在人的一生中，无论何种情况下，你都要不惜一切代价，走入一种可能激发你的潜能的气氛中，可能激发你走上自我发达之路的环境里。努力接近那些了解你、信任你、鼓励你的人，这对于你日后的成功，具有莫大的影响。你更要与那些努力要在世界上有所表现的人接近，他们往往志趣高雅，抱负远大。接近那些坚决奋斗的人，你便会在不知不觉中深受他们的感染，培养奋发有为的精神。如果你做得还不十分完美，那些在你周围的人，就会来鼓励你

103

做更大的努力、作更艰苦的奋斗。

善抓机遇

西班牙著名作家塞万提斯的经典作品《堂·吉诃德》中有一句话："有关着的门就有开着的门。"那扇为我们敞开的大门，就是机遇。人生中，机遇的出现有其偶然性和必然性。善于抓住机遇的人，处处是机遇；轻视机遇的人，即使良机来敲门，也会错过。所以对于机遇，我们必须要有认识能力，驾驭能力。只有捕捉住机遇，才能使机遇由可能性向现实性转化。如：同样是条件等同的两位教师，A教师能积极参加各项活动，如教学论文竞赛、演讲比赛、组织活动，别人就说："A老师可真是多才多艺，瞧，他什么都会，什么都干得这么好！"而B教师虽有这样的实力，但却不善表现自己，于是别人对他就没什么印象。可见，每一个人都应善于抓住机遇，作为一个多才多艺的现代教师，更应善于抓住机遇，展现才华，表现自我。

总之，"艺多不压身"，班主任应努力把自己打造成多才多艺的现代教师。

爱每一个学生

班主任每天都要面对学生，是学校里与学生及其家庭接触最多的老师。在学生的心目中，班主任是师长，但是，在班主任心目中，自己就不仅应该是师长更应该是良友了。由于与学生朝夕相处，班主任就不得不每天面对着公平公正、师生平等的现代教育诉求。换言之，班主任只有做到了公平公正，只有追求师生平等，才能成为真正受学生尊敬、爱戴的老师。所以，公平公正、人格平等，乃是班主任工作理念中最最重要、最最核心的理念。教师只有在公正的前提下，才能对每一名学生付出真挚的爱。学生也才能真正从内心里做到"亲其师，信其道"。古人云：民不畏我严而畏我廉；民不畏我威而畏我公。就是这个道理。

但是有些老师由于一些原因对学生有所偏心，这会对学生的发展产生极大的甚至是终身的影响，也往往叫那些曾受到过"歧视"的学生永远地记住，成了无法抹去的记忆。

这是20年前发生在某学生身上的故事，也许能给我们一些启示。

那年的秋天，我刚升初三，我们班突然来了些"关系户"。他们是已在初三学习了一年而未参加中考的复读生。这些"关系户"基础好，成绩就更是没说的，老师对他们情有独钟，关爱有加。原本成绩平平的我在这些关系户的映照下更加显得微不足道——成了一个不被老师关注的"小不点"！我不服气，更不服输，我要倍加努力，争取更好的成绩。于是我每天挑灯夜战直到深夜十一二点，甚至凌晨一两点，这样的日子持续了一个多月。打疲劳战的我成绩不但没有提高，反而注意力减退，精神恍惚。

终于有一天，我大难临头。那是周三下午的第一节数学课，老师讲《圆的性质》。在上课不到10分钟时间里我接连打了三个哈欠（我已经非常疲惫了），这引起了杨老师的注意。

老师叫到我的名字，问我："你昨天晚上干什么去了？"

"我做作业直到12点！"

"做到了十——二——点？谎话！谁信？"老师有些嘲弄地拖着长腔反问。

"我是做到了12点，我没骗您！"我再次为自己申辩。

这可让老师动了肝火："还没骗人？你有那么用功，成绩也不会总在60分左右徘徊了，小小年纪就不诚实，货真价实的骗子！"

同学们哄堂大笑。

被老师称为"骗子"的我脸红耳赤地站在59位同学的面前，无地自容，脑海里一片空白！我多么希望有个地洞让我钻进去，早点摆脱这痛苦的场面。那一课我什么也不想听，什么也听不进去，只盼望着能早点下课，盼望着老师能早点离开教室。

从那以后，本来数学成绩就平平的我因为讨厌这位老师，成绩更是一落千丈，中考成绩更是平平。

20年后，当年的"小不点"已度过了10年的教师生活，对那件无法忘记的事少了一份怨恨，多了一份理性。虽然，我不能使每个学生成绩优秀，但是，我一定不戴有色眼镜地对待他们；虽然，每个学生都有可能出错，但是我一定给他申辩的机会，我愿意做他忠实的听众。

在这个案例中的老师不但处事不公，而且较为专横，听不得半点解释，还当着那么多同学的面，侮辱自己的学生，以至于他的学生在20年后还记得他，心中仍有余恨。这样的老师在班级管理中自然会成为一个失败者。他把自己的形象树立在了学生心中的反面，成了恨的对象。

但是在我们周围也不乏处事公正，而且对弱势学生给予特别的重视与引导，使其走出低谷，找回自信心的老师。

请看下面的案例：

今年教师节我意外地收到了来自某著名研究所的一封信，寄信人曾经是我的学生。她在信中提到我的那个班委"空缺"的做法，她说："没有那个'空缺'就没有我的今天，是那个'空缺'使我重树自信，走向成功……"这封来信将我的思绪引回到10多年前的那个秋天。

那年学校安排我担任新高一年级某班班主任。组建班委会是既敏感又令人头痛的一件大事：既要选举出能够在班级管理中起到表率作用、具有一定管理水平和领导能力的同学，又要适当考虑、照顾性格内向、心理自卑、需要锻炼机会的弱势群体。在观察中我发现，班级中有位女同学很特别，她性格孤僻，上课回答问题不积极，眼神总是躲躲闪闪的，不敢正视我；下课后也不合群，总是自己一个人发呆，这是典型的有心理障碍的表现。通过和家长的沟通了解到，她确实存在着一定的心理障碍：该生在初中时曾经做过班级的宣传委员，那时的她活泼、开朗，学习一直名列班级前茅，尤其擅长写作文（曾获得省中学生作文大赛一等奖）。但有一次，在学校组织的班级黑板报评比中，她负责的黑板报名落孙山，遭到班主任老师三番五次地严厉批评和讥讽挖苦。这种打击直接影响到她的学习。

在随后的期中考试中，由于她的成绩不理想，"拖了班级的后腿"，老师又旧话重提，并以"你做什么都不行"的借口无情地撤掉她班级宣传委员的职务，这使她受到了极大的心理刺激和伤害，学习成绩每况愈下，并经常自责，认为自己做什么都不会成功，整天生活在抑郁、彷徨和自卑的阴影中无力自拔。"解铃还需系铃人"，能够唤醒她自信心的良药就是让她从失败处重新站起来。在安排班委会的过程中，尽管我苦口婆心地动员、鼓励，但她就是执意拒绝当班级宣传委员。几经反思之后，我终于悟出了道理，便转变了工作策略：由直接安排改为间接安排。为此，我有意地将宣传委员位置空着，并向全体同学宣布："暂时还没有发现适合做班级宣传委员的人选，这个位置暂时'空缺'，待学期结束后依据同学们的业绩和表现进行公开选举，再行填补。希望大家抓住这个机会公开竞争！"

在此后的日子里，我多次暗地里给她创造"机遇"，比如把她的演讲稿、学习心得等在班级多次展示，并在学校广播站广播，她所拍摄的有关宣传环保的照片又被报社采用，作文也获得了学校的"新蕾奖"，等等，而这些都是在她不知情的情况下自然发生的。我发现她逐渐变得开朗起来，下课后愿意主动和同学交流了，班级里也能听见她那天真、爽朗的笑声了，她那"久违"的自信也在不知不觉中逐渐恢复。第二学期初，她在全体同学热烈的掌声中坚毅地"站"到了班级宣传委员的位置上，那个活泼可爱的小姑娘获得了"新生"。三年后她以优异的成绩考取了重点大学。

在这个案例中的学生因初中时遭到班主任老师不公平的对待及"三番五次地严厉批评和讥讽挖苦"，后又因成绩不理想被说成"拖了班级的后腿"并以"你做什么都不行"为借口无情地撤掉她班级宣传委员的职务，致使她出现了心理障碍，学习成绩也下降了。但是高中的新班主任却并未因为她成绩不好、性格内向、心理自卑而对她心存偏见，倒是积极地全面地了解她的情况并耐心地有针对性地对其循循善诱，使她走出了初中时代的阴影，重新找回了自信，并且后来考上了重点大学。同样是班主任，一位因处事不公而差点毁了那学生的一生，而另一位却不仅没有看不起弱势学生，反而是积极地花心思去帮助她，使她获得了新生。可见班主任对待学生的态度是否处事公正，是否对弱势的学生给予一些特别的关照，对学生的学习成绩及其心理发展有多么重要的作用啊！

综上所述，教师特别是班主任，虽然要使其达到完全的处事公正很难，但是他必须尽其所能地去达到这个目标。他不仅要做一个遵守教师公正规范、规则的教师，而且要做一个具备教师公正德性的教师。

做学生心灵的导航者

良好的心理素质是人的全面素质中的重要组成部分，也是未来人才素质中的一项十分重要的内容。中小学生正处在身心发展的重要时期，随着生理、心理的发育和发展，竞争压力的增大，社会阅历的扩展及思维方式的变化，在学习、生活、人际交往和自我意识等方面可能会遇到或产生各种心理问题。有些问题如不能得到及时解决，将会对学生的健康成长产生不良的影响，严重的会使学生出现行为障碍或导致人格缺陷。因此中小学生的健康成长，不仅需要一个和谐宽松的良好环境，而且需要帮助他们掌握调控自我、发展自我的方法与能力。

这就对我们班主任工作提出了更高的要求，要求班主任除了要承担起管理者的角色外，还应承担起"心理医生"的角色，做学生心灵的导航者。

有一位班主任所带的班里有一名女学生，由于晚上与几名男同学到网吧打游戏夜不归宿而受到学校的纪律处分，她在课上做了一个物件，并且在上面刻上"纪念某某某受处分"。这位班主任没有把这事简单地当作道德、纪律性质的问题处理，而是像朋友一样与她交流，给她倾诉自己心声的机会，让她自己分析犯错误的原因，可以说这是一次心与心的交流，也是心与心的较量。

由于这个学生的逆反心理特别严重，第一次谈话并不顺利，没有达到班主任预期的目标，但令人感到很高兴的是这个女孩子认识到在这件事上她确实做得不对。于是这位班主任又第二次、第三次……找她谈，从谈话中了解到她犯错误的原因是她不愿意再做家长、老师眼里的好孩子，她要尝试另一种生活。在谈话中，班主任获取了支配这位女生行为的错误思想。

这位班主任便把她的思想作为谈话的突破口，了解她的内心世界，找到主攻方向，进而与之进行思想交锋，但重点不是针对错误，严加痛斥，而是以平稳的语调、含情的言辞和她探讨，分析她的行为带来的危害。班主任晓之以理，动之以情，态度诚恳，这样在她心中掀起了波澜，以深情厚爱去化解她心中的"逆"层。终于，她为自己对老师、对家长、对自己所造成的伤害而流下悔恨的泪水，主动找到班主任承认了自己的错误，又回到了原来的优秀行列。

的确，传统意义上的班主任信奉的是，"只要功夫深，铁杵磨成针"，把班主任工作简单看作重复劳动，结果适得其反，导致学生产生逆反心理，虽然耗费了许多时间与精力，但收效甚微。而新观念下的班主任应充分认识到班主任工作的创造性与复杂性，把工作重心放在了解、研究学生上，根据学生的心理特点采取行之有效的、灵活多变的、富有创造性的德育方法。我国著名的教育家陶行知先生说过："真的教育是心心相印的活动，惟独从心里发出来的，才能打到心的深处。"

人们常说：教鞭下有瓦特，冷嘲中有牛顿。实际上，我们身边的学生更多的是一些小草，他们将来不可能长成参天大树，注定是芸芸众生中普通的一员。他们顽强地拼搏着、奋斗着，渴望阳光和雨露。教育，就是让乔木长成更高大的乔木，让小草长成更茂盛的小草。作为班主任，我们应在实践中不断探索、不断总结，努力提高自身的理论水平和能力，加强自我提高，明确自身的"心理医生"角色，自觉担负起心理教育的任务，让自己成为学生心灵成长的导航者。

没有差的学生，只有差的教育

有位教育家曾经说过：

"没有一生下来就坏的孩子，有的只是你对他的教育不当、培养不当。后来为什么会有很多差异呢？那是环境熏陶促成的。"的确如此，没有差的学生，只有差的教育。

传统意义上的"差生"首先指学习成绩不好的学生。他们或因智力因素、或因非智力因素导致学习成绩不好。衡量学习成绩的东西是每次考试的分数，如果高于班级平均分，则是"好生"；如果低于班级平均分，则是拖后腿的学生；如果好几次做了"拖后腿"的学生，就会被老师认为是"差生"、"后进生"。一旦被戴上了"差生"的帽子，想脱下来就很难了。因为他是"差生"，老师便不再对其抱有希望，就不想管他，就不想帮助他，就恨不得马上让他退学、转学；因为他是"差生"，班主任便不希望班级的"好生"受到他的影响，那些"好生"就会不理"差生"，那么能与"差生"玩到一起的只有"差生"。这些"差生"被歧视得久了就会麻木，就会对学校和班级失去兴趣，于是可能产生一系列后果：逆反、破罐子破摔、自卑、逃课、逃学、离家出走、与社会闲杂人员混到一起组织犯罪集团……其实，那些后来走上犯罪道路的所谓"差生"，最初仅仅是因为学习成绩不好！作为第一个把该学生看成"差生"的班主任，你是否意识到你对他后来的人生轨迹负有不可推卸的责任呢？你是否在反省自己最初的行为葬送了一个人的一生呢？

传统意义上的"差生"还指破坏班级纪律、道德品质低下、思想意识败坏的学生。他们在学校不尊敬老师，在家不孝敬父母，在社会上偷吃扒拿、打架斗殴、寻衅闹事……这些学生用传统道德观去衡量，确实是"差生"，因为他们的行为已经濒临犯罪边缘，已经不是学校教育所能控制的了。对这样的学生，班主任要明确一条，只要他一天没有被绳之以法，他就一天还是你的学生，你就对他负有正面引导的责任。你就应该本着一颗善良的心去感化他们，教育他们！你还应该相信，这样的学生当初肯定不是这样的，他们心中肯定沉睡着一些美好的东西，只要你发现它们，你就有可能找到打开他心灵大门的钥匙。所以，即使你知道你的班级有这样的学生，你也不可放弃他们，而要平等地对待他们，让他们享有与其他孩子一样的受教育权利。

下面我们来看一个案例：

某班学生王某，在初一下学期认识了社会闲杂人员丁某。丁某经常带他到网吧去打游戏，还给他香烟抽，经常请他喝酒吃饭。开始他没有钱回请，便骗家长说学校要买这样买那样，引起了家长怀疑，与班主任沟通后，家长便不再给他钱。但是没有钱又应付不了那些哥们儿，于是王某在哥们儿的教唆下常常在放学的路上拦截小学生，敲诈他们的钱，得手多次之后才被发现。班主任与家长一道对他的行为进行了控制：每天放学，家长守候在学校大门口把他接走；星期天，家长把他反锁在家中，不让其出门；节假日，家长把他带在身边走亲访友……王某安静的生活了一段时间，似乎与校外闲杂人员脱离了关系。但在学校，他每天不是上课时呼呼大睡，就是扰乱课堂。班主任一次又一次地找他谈心，一次又一次地把他送进学校政教处，可是收效甚微，气得班主任索性不管他了。到初三上学期的时候，有一天他突然离家出走，一个星期以后才被找到，至此，学校和家庭都对其束手无策……

可是奇怪的是，从初一到初三，王某一直与班里同学关系很好，有一个表现不错的女生还和他谈起了恋爱。班主任很是费解：这样的"泼皮破落户"也有人爱？班级学生的是非感到哪里去了？怎么会与王某交朋友呢？于是，他找平时跟王某玩得特别近的学生谈话，提出了与王某交往的几条原则：一、近朱者赤，近墨者黑，你们要少跟王某搅和到一起，最好不要理他；二、看见王某有不轨行为要及时向老师反映，不能让他走上犯罪道路；三、不要讲哥们儿义气……可班主任万万没想到的是，这些学生转脸儿就将老师的谈话内容告诉了王某。王某原来在班主任面前还给老师一点面子，认为老师不管怎么说是为他好，基本上没有正面顶撞过班主任，可经过这件事之后，居然再也不买老师的账了。毕业后，少不了有学生来看班主任。有一次王某也来了。他剃着光头，穿着一身黑衣服，一副黑社会打手的样子，让老师不寒而栗。

可是这次王某却与曾经的班主任进行了一次长谈，详细诉说了自己的成长经历，言语中颇多责怪班主任和家长的意思。班主任突然意识到自己应该对王某的成长负一定的责任，于是真诚地向王某鞠了一躬，说："老师在教育你的时候做错了事，不求你的原谅，但求你走好将来的人生道路！"谁知听了班主任的话，王某竟然扑通一声跪在了班主任面前泣不成声！后来，王某要去当兵，部队让他找曾经的班主任写证明，班主任写道："……在少年时期曾经走过一段弯路，这个责任我应承担一半，我相信部队的大熔炉能够把他锻炼成钢！请部队给他一个机会，把他培养成一名战士，也给我一个机会，他只有成为一名真正的战士，我才能在心理上得到一丝安慰！……"部队领导同意了班主任的请求，王某参军了，后来还考取了军校。

　　这个案例对我们的警醒作用是深刻的，它再一次证明了一条真理：在班主任心目中一定不能有"差生"概念，一定要相信，所有的学生都是有优点也有缺点的。班主任的责任是指导学生扬长避短，而不是让学生截长补短。

　　但是，没有"差生"不代表班主任要按照统一规格培养学生，不代表班主任可以忽视学生个体的差异性。只有在公平对待每一位学生的基础上照顾学生的个体差异性，我们的教育才是公正的。照顾学生的个体差异性，主要应树立这样几个理念：①每个学生的智力发展水平都是不一样的；②相信每个学生通过努力都可以达到某个特定的学习目标；③每个学生的性格都是与众不同的；④每个学生的性格中都有闪光点，要赏识每一个学生；⑤因材施教，因材施考。

某班主任要求学生必须按时完成各科作业，对于有些不能按时完成作业的学生，或者报告家长，让家长到学校督促孩子完成作业，或者放学后把学生留下来继续完成作业，或者停课补作业。个别学生被处罚之后，养成了抄袭作业的习惯：每天晚上到成绩好的同学家里抄或者一大早到学校抄。碰到背书，就采取耗时间的办法，"逼"着老师把他当"差生"，以达到让老师不再找他背书的目的。

这个案例在很多学校的很多班级长期上演。其根本原因就在于班主任老师采取一刀切的办法，给不同孩子提出了同一目标，没有考虑到学生之间是有差异的。给学生提出过高的学习目标，会让学生产生畏难情绪，失去学习的兴趣。

总之，对于一个班主任来说，既不能有"差生"的观念，又要看到学生的差异，采取正确的施教方法。

要相信，只要教育方法得当，每个孩子都会成才的。

教育也需要"斗智斗勇"

班主任处理学生问题时有时不必直来直去，来点"斗智斗勇"迂回的处理方法，更利于问题的解决，并能更加深刻地晓之以理，有人情味的教育学生。

先看一个教育故事：

星期二的早晨，我一如既往地早早到校，检查自习。早自习的铃声已响过两遍，仍然还有一名学生——晓勇未到。我习惯性地走到教室前面靠近窗户的位置，向校门口张望。

突然，一个熟悉的身影急匆匆地出现在校门口，一只手提着一个又大又重的书包。可奇怪的是他并没有直接向教室走来，而是径直向学校教学楼后面的车库飞跑。我继续好奇地透过玻璃窗向楼下张望。一会儿，晓勇出现了，一只手里拎个扫帚，急匆匆地向教室飞奔过来。我决定弄个水落石出，于是，佯装不知，站在门口等晓勇。

"老师早，刚才扫操场（我班分担区），我被罚扫，所以迟到了。"

"嗯，进去上课吧。"

当晓勇回到座位，第一节上课的铃声已响起。我走出教室，直奔车库。带着好奇我来到我班停车的地方，果然，在一个车筐里，我发现了一个大书包。我恍然大悟，原来这小子迟到了，怕老师批评，就装作值日生，想蒙混过关。我心里想，我一定利用这次机会好好教训一下这孩子，让他把撒谎的毛病改掉，敢于面对自己犯的错误。主意拿定后，我背着晓勇的大书包，走回了办公室，一场好戏就要上演了。

第一节下课铃声响起，我站在班级门口观察晓勇，只见他一个箭步冲出教室，我暗自窃笑，看你找不到书包怎么办？第二节上课的铃声响起，只见晓勇一脸焦急，犹犹豫豫地走进教室。我继续装作不知情，看他将如何处理这次行为。

第二节下课，晓勇更迫不及待地走出教室，一溜烟就不见了。上课铃声再响起时，只见晓勇一脸垂头丧气地走进教室。

接下来是课间操时间，广播室里主持人甜美的声音响起："哪位同学捡到一个书包，请速给三年级九班晓勇同学送去，有重谢！"课间操回来，离上课还有10分钟。我想，教育晓勇的时机来了，等同学们都坐好了，我把晓勇叫了起来。

"听说你的书包丢了，有人给你送回来了吗？"

"还没有。"晓勇一脸懊悔和失望。

"书包一般轻易不会丢的，你一定有充分的理由，你能不能到前面来，给同学们讲一讲你丢书包的过程。"

"啊？这……我……"晓勇面露难色。

"来吧！让我们领略一下你机智、灵活的头脑。"

同学们越听越迷惑，不解地看看晓勇又看看我，晓勇也故作听不懂，但也只好硬着头皮走到讲台前。

"我，我早晨来时，太匆忙，把书包落在车筐里了。"

同学们哄堂大笑，都觉得这种错误太低级了，一个以学习为主的高三学生怎么会把书包忘在车筐里，而空着手走进教室呢？太可笑了。我止住学生们的笑声，然后转过身对晓勇说："如果你的这个理由成立，我敢保证你永远见不到你的书包了。"晓勇吃惊地盯着我，试探地问到："老师，你知道我书包在哪?""那要看你的态度了。""我真的把书包落到车筐里了。""谁的车筐?""这………"晓勇，记得吗？上高一时，老师就曾经说过，我们都是凡人，孰能无过，我们都会在一生中犯大大小小的错误，一个人犯了错误并不可怕，可怕的是，犯了错误不敢面对，因此也就失去了改正错误的最佳时机。犯错误是很正常的事，错了就改，只要错误一天比一天少，就是进步。现在，你能告诉大家你的书包是怎么到车筐里的吗？"晓勇不好意思地向大家讲了事情的经过。我也把故事的另一半讲给了大家听。

实施成功教育是教师智慧及艺术的整合。在教育教学过程中，班主任常常会碰到各种各样的问题，问题是学生送给我们的"礼物"，它提供了教师智慧和才能的提升与锤炼的机会，它是师生一段生活旅程中的宝贵的精神享受和美好的回忆，它是教师专业生活灿烂的足迹。

教育中的批评与惩罚在这位老师的故事中看上去更机智幽默了。案例中的班主任主动地把握时机，进行了一个良性的斗智斗勇的游戏，可谓举重若轻。可想而知，事情自然小事化了而又耐人寻味。此一翻苦心中有看不见的爱，在引导这个孩子学会了如何面对错误的同时也给众多学生一个教训。这样的错误今天在老师和同学的面前是玩笑，那么，日后步入社会可能会将自己陷入窘境。教师不失时机的以身边的小事育人，孩子们将获益匪浅。现代教育追求孩子的自主与个性，不刻意的教育是一种有益地推动。

但是，任何一种教学方法都不是万能的。因此，教师一定要结合某一具体的教学任务、学生的特点、教师自己的特长、学校的教学条件等，找出各种教学场合下最合理（或最优化）的教学方法和形式，也就是耗费精力和时间最少、成效却尽可能最大的方法，以达到教育的最佳效果。

别把"教育机智"当成"教育机制"

很多教师都知道这个经典教育故事：

某班一差生在期中考试时，语文只得了59分。差生十分着急，怕回家屁股又要受罪。

怎么办呢？差生急中生智，想了一个办法。他找到语文老师："老师，请给我的作文加1分吧，就1分，求您啦！"教师说："我可以把你的成绩改为60分。"差生一听，高兴极了，但老师接着说："不过，你可要想好，加的1分是老师借给你的。东西不能白借，要还利息的，借1还10，期终考试，我会从你的考分中扣下10分，你愿意吗？"

差生迟疑了一下，终于答应。期终考试，差生语文得81分，老师扣下10分，净剩71分。

这个故事让我们津津乐道，也看到了"教育机智"闪烁着的智慧光芒。但令人惊讶的是，最近我又从报纸上看到另一条消息：

某地一小学推出"借分制"，即允许某次考试成绩不理想的学生，向老师借一定的分数，然后在下次考试后按一定的规定"偿还"。据说实施效果不错，例如有个学生考了79分，因为怕家长责备，在老师借给他1分后，十分努力，期末考了98分。

我想，"借分"策略作为一种随机性的"教育机智"，的确有它的积极意义。它能在一定程度上满足学生对成功感的需要，激励学生由被动接受评价转向主动参与学习，有利于提高学生的学习积极性和效率。但它是否适合提升为一种"教育机制"，成为"借分制"呢？

"教育机智"与"教育机制"是既有联系又有区别的两个概念。它们虽然都属于教育策略的范畴，都是以促进学生发展为目的。但是，它们又有不同的特征。教育机智是在特定的教育情境下，教育者灵活而合理地处理教育问题所表现出的智慧，操作上的机械性、重复性很低；而教育机制恰恰相反，它是由各种具体做法总结出来的措施、条例、制度等，具有相对广泛的适用性和操作上的可重复性。

"借分"到底该是"教育机智"，还是"教育机制"呢？从表面上看，在借分行为中，促成积极效应的是借给学生的分数，但稍一静心思忖就会明白，真正激活学生主体精神的，是这一行为所蕴含的对学生的尊重与信任，是师生之间积极的情感效能使然。这种情感效应面向某个个体时，有针对性地随机使用，可能效果颇佳；如果扩大为面向全体，频繁地使用，效果就会逐渐降低，最终变为一种学生毫无感觉的、形式化的东西。

另外，学生的个体差异性也决定了"借分"不能成为一种普遍使用的策略。对于一个上进心强的、渴求取得好的考试成绩的学生，这一策略可能很有效，能够激励他奋起；但对于一个进取心不强、不在乎考试成绩的学生，借给他再多的分数，恐怕也是爱莫能助。而且，即使是对同一个学生，在不同的教育情境下，使用"借分"策略起到的效果也会迥然不同。比如说，老师在"借分"时是否能尊重学生，是否能真正触动学生的心弦，都可能使学生产生不同的感受，达到不同的教育效果。

因此，并不是所有的"教育机智"都能上升为一种"教育机制"。我们回想一下，为了体现出对学生的激励和赏识，老师让学生一起拍手说"向你学习"，或全班学生一起竖起大拇指说"你真棒"，这些做法都曾风靡一时。作为一种随机使用的"教育机智"，这确实有助于激发学生的自信心和成功感受。但是，如果机械性地重复使用，时间一长，学生肯定会兴趣全无。

作为教育工作者，特别是班主任们，在学习很多富有启发性的教育案例时，最重要的是要明白其中蕴含的教育智慧和理念。我们既需要冷静地思考其中可以总结、迁移、推广甚至可以机制化的宝贵经验，又切不可急功冒进，为了"机制"，丢了"机智"。

优雅得体的教态

有这样一则寓言故事：

大象博士贴出了要请一名助手的广告后，小猴、小兔、小熊和小猫前来报名。考试开始了，小猴真高兴，冲进门去，撞翻了椅子；小兔一进门，看见倒在地上的椅子，就跳了过去；小熊来了，它一进门，把椅子踢到一边；轮到小猫了，它轻轻推开门，先把椅子扶起来，放在桌子旁边，然后走到大象面前，鞠了个躬，说："博士，您好！"最后结果如何？你也猜得到。

姿态是一种身体语言。它有时会传递给对方口头语言所难以达到的表达效果。有许多年轻人学富五车，能力超群，但常常会因不注意自己的姿态而招致失败。

下面的故事就是很好的佐证。

小赵毕业于知名师范大学，品学兼优，当他知道某重点中学在公开招聘教师，便兴冲冲地赶了过去。

经过理论考核、当面答辩、实践操作等几个环节的角逐，小赵和另8名选手一路过关，脱颖而出，开始准备最后的冲刺：面试。小赵把这几年苦学积累的知识从信息库中提取出来，准备了许多应答问题，如怎样处理师生关系、当前教学动态、新世纪教育改革方向之我见，甚至还

准备了一个教改课题，希望能在面试时一鸣惊人。

面试地点在校长室隔壁的会议室里，小赵见门虚掩着，便轻轻推开探头一看，里面端坐着两位领导，急忙走了进去，不想身子在门框上擦了一下，资料撒了一地，他慌忙捡起，走到了面试台前，找了把椅子坐下了。意外的是，两位考官没提有关教育教学的任何问题，只是把小赵打量了一番，问了几个常规性的问题，如毕业于何校、学什么专业，有什么爱好等，其实这在个人履历表上写得很清楚了呀。最后，考官微笑着对小赵说：请一周后等我们的通知。一头雾水的小赵等了十多天，始终不见动静，他急了，去学校打听消息。一位知情人向小赵露了底："小伙子业务能力不错，可我们领导说了，学生和家长第一眼接触的是你的举手投足。年轻人，行事不可鲁莽啊！"

回忆起那天面试的情景，小赵似乎明白了。

一个富有经验的主管当然不会招聘一个坐无坐相，站无站相，行事鲁莽的人。其实，在刚见面的一刹那，招聘面试官已经从你的仪态中看出了端倪，从而决定是否录用你。小赵面试的过程就有力地说明了这一点。如果他进门前先敲门，征得同意后进入，走路顾着左右，到考官面

前后恭敬地站立，在考官示意后坐下，那么，也许就导致另一种结果了。

姿态是口头语言的补充。我们往往会遇到言语阻塞，词不达意的时候，就需要借助于手势、体姿来补充。

这样的例子在教学中能找出很多。刚入学的孩子都要先学拼音，这个时候，如果对七八岁的孩子讲什么发音位置、发音方法无异于对牛弹琴，一个有经验的教师就会适当运用一些肢体语言来辅助教学。如"a"、"o"、"e"的发音除了强调口形变化外，还需用手来直观演示："a"五指伸开，呈大喇叭状；"o"拇指与食指做成圆形状；"e"四指并拢前伸呈鸭嘴状。教"四声"时，边读边用手指划分四种声调的走向，更能使学生熟练掌握"四声"的发音。另外，如一个体操动作的完成、音乐的发声练习、朗读技巧指导等，都离不开体态的辅助。

姿态还与一个人的文化修养、生存环境有关。有的人举止优雅，大方得体；有的人满口污言，粗俗不堪。一个受过高等教育的人与一个乡野村夫的举止修养当然不会相同。

对于一名教师来说，他的形象经常出现在学生、家长面前，他的一举手一投足都会引起别人的注意。因此，如何使自己形成优雅得体的姿态，让体态发挥口头语言所达不到的效果，这一点很重要。

所以，教师一定要注意自己的姿态语言。

1. 领导站在面前时，不可坐着回答

当领导走到办公桌前和你说话时，应该马上站起来答话，这是体现对人的尊重。如果这时候你正坐着操作电脑，领导从你的后方走来，此时如果改变方向会使领导看不见你的工作状况，则可以坐着回答或站起来侧身回答。

2. 递物要讲礼仪

递东西给别人时，要以对方方便接受为原则。如拿笔或刀子时以柄部递向对方。在下雨天碰到同事没带伞时，以伞柄递向对方才表示要借伞给他。对方递名片给你时，用双手去接，并认真看一遍，仔细地收好，也许你一直不会去用它，但这是社交基本礼仪。

3. 改变看手表的习惯

在与人交谈的时候，不可以一边说话一边看表，尤其是在学生家进行家访时，这样的行为会让家长认为你根本没有专心地在注意这件事，而只是走过场的一种形式。看手表这个动作，似乎是在催促对方赶快结束谈话，这是很不礼貌的动作。如确实有要紧事需要先行一步，最好是在对方的话告一段落，而下面的话还没有开始之前。

4. 行的礼仪

路遇领导或来访的客人，如果是对面而过，应稍微让在一侧。假如对方走在前面，则不可超越，如有急事要办，可先打一声招呼，再前行。

走楼梯时，下楼让女性优先，上楼由男性率前。

给来校的客人带路时，先说一句"请往这边走"。指示方向或场所时，不可贸然使用食指，应掌心略微向上，四指自然地并拢伸直，拇指微曲。

5. 开门的学问

走进办公室或会议室时，先轻声敲门，门柄在右用左手去开，门柄在左用右手开。进门后不可反手关门，应面向门轻轻关上。

如有客人同行时，开门让客人先入内，再轻轻带上门。

乘电梯时，应由主人按钮，让领导或客人先进电梯，离开时自己先走出，等对方离开电梯。

除此之外，下面几个会让你自毁形象的举止姿态一定要避免。

抠鼻孔。教师在课堂上或与学生谈话时，有时会用手抠鼻孔。这是一种非常不好的姿态习惯，一是不文雅，二是不卫生。老师上课用粉笔写字，手上必沾上许多粉笔末，如果用右手抠鼻孔，便会在鼻孔里沾上许多粉末，既分散学生的注意力，又不卫生。所以这种习惯，必须坚决改正。如果鼻痒难挨，必须给予处治时，可背过脸去用手纸或手绢轻擤。擤后不要把纸随手乱扔地下，而要扔于纸篓中；手绢要折好放入口袋。

挠头皮。这也是一种不好的姿态动作，给人一种不卫生的感觉，在课堂上必须避免。

打哈欠。本来这是人疲乏时的生理反应，但这个动作如果发生在课堂上，会把疲倦感传染给学生，从而降低学习效率。如果教师实在疲倦，可以背过脸，或以手掌遮住嘴部，轻轻张开嘴，打一小哈欠。如果教师有幽默感，还可以对学生说："老师的瞌睡虫千万不要传染给你们。

让我们唱支歌，把瞌睡虫赶跑好不好。"这时课堂气氛会活跃起来，同时也消除了教师打哈欠的尴尬。如果与学生个别谈话时，要打哈欠，可以站起身来佯装倒水或做其他的事情，以掩盖之。

拍脑门。用手掌轻拍额头一次或数次。这是一种轻度自我谴责行为，一般是在忘记完成某些事情，或忘记了某些知识时的习惯性动作。有人说这是一种积极姿态语，有人说是消极姿态语。说拍脑门是积极姿态语的人认为，教师在教育教学活动中忘记了某件事，或某个词等，拍拍脑门，再说上几句幽默的话，会让学生感到教师坦诚、直爽，课堂气氛会更加和谐，有助于学习效率或教育效果的提高。说拍脑门是消极姿态语的人认为，拍脑门会降低教师的威信，降低学生的积极性。我们认为，拍脑门的动作效果要视课堂情况而定，如果课堂上师生关系和谐融洽，老师忘记了某事时，拍拍脑门也无妨，可能增加教学教育效果。如果师生关系紧张，教师随意拍脑门，会更降低教师威信。所以，这样的教师还是不拍脑门，或少拍脑门为好。

腿部抖动。有的教师讲话时，喜欢一脚踏在讲台的横木上并不停地抖动，采取坐姿时，将一条腿搭在另一条腿上，不停抖动。这是一种不好的姿态。在成年人中，这种腿部抖动动作比较常见。但作为教师，应尽量避免，它会给学生留下轻浮、不稳重的印象。

瞪眼。瞪眼是发怒时的一种面部自然表情，本来是无可厚非的。但是对于教师，却应该有意加以控制。如果教师在生气发怒时，二目圆睁，双眉倒竖，一副凶神恶煞的样子，对教育教学工作没有什么益处。调皮的学生看到老师的这副样子，他会觉得好玩；对于老实学生，他会觉得害怕，不知所措；对于优秀学生，可能会伤害了他的自尊心，造成师生关系的隔阂。所以，教师在生气时最好先不要瞪眼发怒，静下心来，想一想对策最好。

漠视。最伤害人自尊心的一种眼神。有时，学生兴冲冲地跑到老师跟前说一件事，老师只是随意用眼睛一扫，便把学生放在一边，好像没有这个学生一样。这是一种令人伤透心的漠视，教师必须避免使用这种眼神对待学生。不管教师当时手头多忙，如果学生找你谈话，教师应放下手头的事情，亲切招呼学生，用一种关心的眼神，倾听学生的诉说。这是一种信任，更是一种尊重，学生会从中得到自信。

和领导建立良好的关系

班主任在日常的工作中不仅自己要敬业、要奉献，同时也要妥善处理好人际关系，其中与领导的关系可以说是重中之重。那么，作为一个有进取心的班主任，我们该怎么做呢？不妨先来看一个案例：

某应届毕业生到一个省级重点中学当班主任老师。因为她是名牌师范院校毕业的，在学校成绩很好，实习表现也不错，学校校长和业务领导很器重她。

由于该老师是在一个比较优越的环境下长大的，爸爸是一家企业的领导，妈妈是机关干部。因为父母的关系，身边的人对她都是客客气气的。从小学到大学，她都是在别人的赞扬声中长大，不懂得什么是"迎合"。向来是别人逗她说话，她自己却不知道如何在交谈中寻找话题，也不太懂沟通的技巧。正因如此，进入学校一个月后，她就开始面临与领导相处的难题。每当学校领导关心她的业务问题时，她都不知如何应答。在她看来，多和领导说话，那就是在讨好领导。因此，她总是支支吾吾说不出口，哪怕是一些很正常的话。一开始校领导还对她问长问短，而她除了有问必答外，也绝不多说什么。渐渐地，她发现校领导不太和她说话了，即使说话，也局限在工作范围内。她觉得自己和校领导的关系陷入了僵局，十分苦闷。

在学校，教师与上级的关系非常紧密。因为除了行政上的层级关系之外，教师与组长、主任甚至校长之间，还有一层专业关系，所以上级对教师进行关怀和指导是正常的。为此，教师应该端正心态，不要认为和上级多说话，态度热情一些就是讨好和奉承。不管上级是怎样性格的一个人，作为下属，首先要端正好工作态度，将敬业、认真放在第一位，在此基础上还应保持相对的热情。如果把工作做到了最好，就能获得上级的承认。对上级可以保持一种不卑不亢的态度。有些上司较严厉。有些上司较亲和，但一般都是为了把工作做到最好。从其内心而言，他们一般不希望教师害怕或排斥他们，因为这样肯定无法做好专业工作。因此，对上级的交往，要保持一颗平常心。同时，凡事多沟通是教师与领

121

导保持良好关系的一个重要原则。加强与上司之间的互相理解，就能减少可能的误解。教师在工作中要善于把自己的强项表现出来，让上司知道你有这个能力去很好地完成任务，让自己的能力得到肯定。其实领导不是高不可攀的，有事情多和领导谈谈，他们会理解你的。

当然，和上司多沟通多联系，态度热情，需有一定的限度，上下毕竟有别，过了度便会物极必反，损害自身。

下面故事中的老师就是一个例子。

某老师刚担任班主任，他为人热心，不久便与同事打成一片。不仅如此，他还希望与校领导和上级也打成一片，为此花了很多时间和精力。他经常打听校长家的私事。有一次，他无意中得知校长的儿子打架被处分了，就自告奋勇地跑到校长办公室，为校长出谋划策。上级的生日或其亲人的生日等，他都会送上不错的厚礼。他也经常把自己家中的事向校领导倾诉，还有意无意地透露其他同事的秘密。总之，他的这一切做法都是希望与校领导建立亲密的关系，但是他发现后来校领导对他越来越冷淡，好像是刻意与他保持距离。一段时间以后，他愤愤地想：这些校领导们，真是脱离群众，令人捉摸不透！

很多领导的确与下属保持一定距离，以使他们保持一种尊严。就学校来说，尊严是校长行使权力的需要。校长缺乏尊严，则将一事无成。校长有了尊严，可以使教职工产生一种敬重感、依赖感，也便于行使自己的职权。学校内的人际关系也是比较复杂的，校长要调整这些复杂关系，以消除内耗增强内聚力，同时保持适当距离，使领导能够超脱于外，才能超然处事。反之，如果校长和大家不保持一定距离，搞亲亲疏疏，戴着有色眼镜看问题，他就很难秉公处理，反而越陷越深，说不清道不明，把事情办得更糟，甚至把学校搞乱。如果校长对下属不能保持一定的距离，亲一部分人疏一部分人，就会在下属中造成不良影响，会引起一部分人对另一部分人的不满，甚至会产生猜忌和嫉妒。这不仅影响彼此的关系而且也会极大地损伤一部分人的积极性。同时对亲密者有些缺点、错误会充耳不闻、视而不见，长此下去将铸成大错。

因此，上级和下属保持适度的距离，是管理和领导所必需的。下属要正确看待这一点，不要僭越正常的层级关系。校领导做出的决策基于的立场肯定与教师的想法是有出入的。教师们常常认为学校的决策"应该"为自己服务，有自己独立的感受和需要，而容易忽略学校的决策是基于整体立场的。因此，教师们应该学会换位思考，理解领导的苦衷，不要遇到什么事首先去抱怨领导的不对。

下面几点建议值得年轻班主任借鉴：

（1）加强与领导的沟通和理解。

教师都渴望与领导建立良好的关系，而下级与领导之间最常见的障碍就是缺少沟通。人们不好意思沟通，不敢沟通，不知道如何沟通等时有发生。其实，凡事多沟通是教师与领导保持良好关系的一个重要原则。

（2）把对工作的注意力放在第一位。

不管领导是怎样性格的一个人，他对下属的态度基本上还是取决于其工作的业绩。作为下属，首先要端正好工作态度，将敬业、认真放在第一位，在此基础上还应保持对工作的热情。学校是一个高要求的地方，如果做事总是慢半拍，肯定不会让上司满意。

（3）争取领导的重视。

不要一味地埋头苦干，在适当的时候应该回过头来想一想：自己的工作有没有偏离方向。与领导保持良好的沟通，让自己的工作方向与领导的思路融合在一起。适当地提出一些想法与建议，跟领导商量，而不要做个唯唯诺诺、毫无主见的"应声虫"。另外，当领导碰到某些自己不愿出面或不好出面解决的难题时，作为下属若能积极地予以担当，无疑就会获得领导的感激与好感，同时也证明了自己的办事能力。这便是立竿见影的、让领导刮目相看的方法。聪明的下属要在关键处多向领导请示，征求他的意见和看法，把领导的意志融入正专注的事情。关键处多请示是下属主动争取领导的好办法，也是下属做好工作的重要保证。当然，工作还是要有独立性，能独当一面才能获得上级的重视，才能让领导省心，领导才敢委以重任。锻炼工作独立性应从以下几方面着手：第一，要有独立见解；第二，能够独立地承担一些重量级任务；第三，把被同事忽略的事情承担下来。

（4）正确对待领导的决策，换位思考，减少牢骚。

做到领导理亏时给他留台阶，避免当众纠正领导的错误。对领导的期望别太高，尤其是有明显人格缺陷的领导，尽量积极配合其工作是上策。同时，尝试接受与领导事实上不平等的现实，比尔·盖茨曾说："人生是不公平的，习惯去接受它吧。"所以，对人生的不完美应采取顺其自然的态度，把更多的精力投入自己能做好的事情上，高质量履行自己的职责。完成工作任务是与上司建立良好关系的前提，千万不要忽略了这一点。有的人通过消极怠工的方式来反抗领导，并不是明智的做法，反而容易和领导的关系进一步恶化。

总之，一个人事业的成败，上司可以说是至关重要的人。他可以助你一臂之力，成为你的"梯子"或"助推器"，也同样可以成为你最大的"拦路虎"或"绊脚石"。所以，和上司建立良好的关系是你教师生涯必须上好的重要一课。

与科任教师结成教育的联合体

在学校教育中，班主任教师与科任教师应该是一个互相补充、互相呼应、共同成长的联合体。而这种联合可以表现为：

（1）时空的互补。班主任与科任它表现在班主任教师、科任教师在日常的教育和教学过程中，对于教学时间、辅导时间、课外活动时间等经常性工作时间和地点的合理分配上。它主要是学校以行政授权，以及部分协商的方式来进行调配的。

（2）信息互补。班主任与科任教师通过自己的教育活动收集学生的各种信息，然后以不同的方式进行交流，从而帮助教师更加全面地了解学生，了解学情，及时调整和完善自己的教育策略。

（3）智慧互补。教师在进行教育教学活动，面临有共通性和相关性的问题时，彼此协商、共同谋划，以求找到最优的教育方案。这是教师间最重要、最有效的联合形式。无论是哪一种形式，班主任教师始终应该发挥桥梁和纽带的作用。要主动与科任教师探讨班级教育，征求工作意见，建立和谐的人际关系和优势互补的工作关系，形成一个统一的教育联合体。

一天下课，数学老师把小曹同学带到班主任顾老师面前说："顾老师，你这个学生数学作业没做完，拿别人的作业冒充交上来，课堂上还睡觉，我管他，他顶撞，真不像话，罚他做20道题，做不完不要来上我的数学课。"看到不服气的小曹，顾老师没有马上批评他。后经了解，知道小曹的数学作业之所以没完成，是因为他前一天晚上看完电视后，才开始做作业，等完成物理和化学作业后，已到了深夜两点半，数学作业才做两道题，他疲倦极了，伏在桌上睡着了。第二天，他怕老师批评，就拿别人的作业来交。弄清情况后，老师一方面指出了小曹的过错，又把情况一五一十地告诉数学老师，想请他原谅小曹，不要再惩罚了。可是，数学老师生气地说："你不要讲了，是不是怪我管严了？以后你们班学生交不交作业我不管了，数学成绩不好，不要怪我！你也太护着班上的学生了，这个班的课我没法上了！"顾老师见数学老师如此激动，没说什么。

第二天上午，他主动找数学老师作自我批评。下午，又与物理老师、化学老师就减轻学生负担问题进行了协商。过了几天，得知数学老师的父亲生病住院，他为了看护老父亲，无暇顾及家里时，顾老师特意组织班委和几个同学，其中也有小曹，到他家里慰问，帮助打扫卫生。同学们通过这次"家访"，看到数学老师虽然家中有困难，但仍坚持上课，还把学生的作业带到医院，边看护父亲边批改作业，十分感动。小曹诚恳地向数学老师认了错，请求老师原谅。顾老师抓住时机在班上召开了"我们的数学老师"主题班会。会上同学们纷纷发言，称赞数学老师，并表示要好好学习，认真完成老师布置的作业，数学老师很感动，也在会上向同学们说了自己的心里话。主题班会上，师生感情交融，气氛热烈，顾老师和数学老师的双手紧紧握在了一起。

班主任教师要主动成为科任教师的合作者，更要做科任教师的协助者。因为班主任教师在学生教育中，具有比较特殊的身份地位，大多数学生对班主任教师的尊重远胜于对其他科任教师。如果我们仅仅站在班主任自己的学科角度培养学生的学习习惯，势必会导致学生在不同教师面前的双面性，甚至是多面性。这样不利于学生的全面发展，也不利于优良学风的形成，随着时间的推移，势必也要影响到班主任所教的学科发展。因此树立"大学科"观念和"大教育"观念是班主任与其他教

125

师合作的思想基础。

冯同学自幼由退休在家的爷爷、奶奶带大，父母常年在外打工。爷爷、奶奶虽然在生活上对她百般迁就，但对她的学习要求一直很高，因为她是冯家所有人的希望。冯同学果然没有辜负全家人的期望，不仅是班级里出色的学生干部，而且学习成绩一直名列年级前茅。她的英语成绩尤为突出，在高二第二学期还争取到了暑期去美国夏威夷体验中西方文化差异的两万元奖学金。

就在这个学期，学校开展市、区级推优活动，由于名额有限，全年级只能推选两位学生。推荐上去的冯同学在激烈的竞争中落选了。冯同学感到很委屈，甚至以为是班主任老师在里面做了手脚。很长一段时间，师生间的关系变得十分紧张，班主任王老师感到很着急，一直想和冯同学交流，可是却屡遭拒绝。

后来，王老师想起了与之搭班教英语的陈老师。因为冯同学出色的英语成绩离不开陈老师的指导和鼓励，她即将赴美的奖学金也是陈老师一起帮她想办法申请争取的。

王老师拨通了陈老师家的电话，希望陈老师能说服冯同学，能够和自己谈一谈。陈老师爽快地答应了下来。第二天，冯同学就主动来到了王老师的办公室，师生把手畅谈。冯同学意识到自己与推选上的同学还有一段距离后，她变得平静了。从此以后，冯同学开始利用自己的学科优势，活跃在学校的英语吧，还经常主动帮助英语学习基础不理想的同学。毕业时，她不仅被评上了学校优秀毕业生，还考上了她向往的重点大学。

班级学生的构成是一个多元的组合体。单凭班主任个人的力量是达不到良好的教育效果的。如何发挥其他教师在学生教育和班级管理中的积极作用，是一个优秀班主任的必修科目之一。第一，班主任教师要与科任教师建立起和谐的人际关系，其中彼此信任是关键；第二，班主任教师要为科任教师提供参与班级管理的时机和舞台，主动邀请科任教师参加班级的各项教育活动；第三，班主任要建立起与科任教师定期与灵活相结合的通报机制，围绕学生中的学习、习惯、品质等问题进行信息互补，共同研讨教育策略，制定教育计划；第四，维护科任教师在学生中的师表形象。牢固树立全面育人观念，对其他教师所从事的学科教学或兼职工作，要向学生做一定的宣传，对科任教师在学生中造成的误会或工作失误，班主任老师要对同事提出善意的建议，要及时疏导，维护良好的师生关系。班主任利用自己的身份，坚持服务的思想，就一定能够调动起科任教师参与教育的积极性，就一定能形成教育的合力。

在一个新学期的班会课上，有位班主任是这样介绍他们班的科任教师的："教语文的李老师，他的学问像他的眼镜片那么厚，别看他眼神不好，可是他的耳朵却灵着呢！不信，你们试试。"

"教历史的许老师，他知道的那些历史故事，如滔滔江水，连绵不绝，想听历史故事吗？那就好好上历史课吧！"

"你们知道数学老师有个什么外号吗？他叫'华一笔'。华老师不用圆规，一笔能画一个圆，神吧！"

"物理老师的绝活特别多，他有一双神奇的手，怎么神奇？上了物理课你们就知道了。如果能把老师的绝活学到手，那你们就太有长进了！"

"地理老师的外号叫'活地图'，不信，你们考考他，看能把他考倒吗？"

……

班主任形象生动地介绍着自己的同伴，不仅给学生留下了美好的印象。更重要的是，当我们积极地赞美和肯定别人时，我们自己的人格也同时受到洗礼。只有在相互认同，互致赞美的环境里，我们才能看到人性中更多纯净的东西，我们才能在互相学习中实现共同进步的美好愿望。

走出职业倦怠的阴影

学生一个小小的失误，可能会成为你大发雷霆的导火索……

一个差生取得了可喜的进步，也没能引起你的兴奋和激动……

在教学中，老教案一遍又一遍地重复用着……

在讲台上，头脑中一阵阵地出现空白……

讲完课后，内心一阵阵地感到空虚……

学校的会议中，你专找一个紧靠着门的最后一排的座位坐着……

当学校讨论某项教学改革措施时，你居然像是一位局外人，一言不发……

一向健康的你，身无大病却浑身难受，或小病不断……

那么，很可能职业倦怠在困扰着你。……

美国心理学家理查德·格里格和菲利普·津巴多在《心理学与生活》中指出：职业倦怠是一种情绪衰竭、人格解体、个人成就感降低的综合症，通常发生在那些需要与人（病人、客户、公众等）进行高强度接触的职业。职业倦怠者对工作对象失去了关心与爱护的热情，甚至用冷漠乃至不人道的方式对待他们。他们对自己的感觉往往很糟，而且为自己的失败而担心。它同更高的旷工和离职率相关，带来恶劣的同事关系、家庭问题和糟糕的个人健康。

目前，教师群体已成为职业倦怠的高发人群。教师职业倦怠是指教师在长期从事教育教学过程中，不能顺利应对工作压力而累积的一种极端反应，是教师在长期压力体验下所产生的负性情绪。

教师职业倦怠一般会出现三种心理反应。

一是情绪耗竭。这个阶段的教师表现为疲劳、烦躁、易怒、过敏、情绪紧张。情绪上耗竭的教师常常表现为畏惧早晨去上班，形成对学生消极的、玩世不恭的态度。

二是人格丧失。人格丧失一般通过减少和断绝与学生的联系来表现。例如，教师减少与学生的接触，从身体距离上远离学生，不理睬或拒绝了解学生，给学生取贬损性的称呼、外号，或给学生贴标签，这些都是性格解体的标志。

三是降低成就感。教师的职业是使学生获得知识，为社会培养有用的人。教师一旦发现他们的职业为他们提供较少的反馈时，就不再作出努力了。

教师一旦经历这三方面的过程，就引起动机上的变化，进而在生活方面体现出了失败感，这就是社会心理学所说的"习得性无助"。教师倦怠的结果，无论对于个人还是对于他们的工作都有许多消极不利的影响。体验倦怠的教师很可能个人生活质量下降，常旷工，工作不求进取，耗费大量时间寻求新工作。而且，持续性的职业倦怠会对人的生理、情绪、认知和行为带来不良影响：造成一些身心症，如高血压、偏头痛、腰酸背痛、心脏疾病、肠胃疾病、月经失调和皮肤病等，造成人体免疫系统功能减弱，使人变得更容易生病；使人变得忧郁、焦虑、失望、无助、沮丧、浮躁不安、容易动怒；造成注意力狭窄、记忆功能减退、思考僵化、问题解决能力降低；影响人际关系，对人冷淡、不愿理人、不热心助人、容易与人起冲突；有些人出现强迫性行为，如整天担心工作出差错，反复检查、核对；有些人试图通过药物、烟酒、网络来逃避压力，酿成上瘾行为。

那么，怎样才能走出职业倦怠的阴影呢？由于压力过大是造成包括班主任在内的诸多教师产生职业倦怠的首要原因。因此，首先要学会有效调适压力。

1. 减少不必要的压力源

避免压力过大的方式之一就是要懂得"量力而行"，也就是不要让自己绷得太紧，不要凡事都揽到自己身上。该做的，当尽全力做好。但不要什么都去争，什么都想要，不要羡慕别人得了多少好处，更不要指望天下好处一个人占尽。

2. 提高自我效能感

相同的情境下，个人对自己所持的看法与信念不同，行为效果就不一样。自我效能感，就是个人对自己获致成功所具有的信念，亦即对个人能力的判断，对自己的信心程度。拥有高自我效能感的人，倾向于相信自己拥有的资源可以应付所需，当遇到有压力的事件时，会将其视为"挑战"，而不是"威胁"。先就认定自己不行、遇事惊惶失措，结果自然糟糕，更加坚信自己无能，形成恶性循环。当然，信心不是盲目的，能力不是凭空产生的，教师要在教育实践中不断提升自己解决教育问题的能力。

3. 学习有效的压力应对方式

针对不同的压力源和自己的实际情况，可分别采取以下应对方式：

（1）解决问题。直接采取行动以解决问题，包括评估压力情境，找出不同的解决方案，择善付诸行动。

（2）暂时搁置。接纳压力，但暂时搁置不管，稍作调整以增强解决问题的能力。

（3）改变。从正向角度重估自己的认知与情绪状态，借由自我增强和调整认知、情绪状态以解决问题。

（4）寻求支持。寻求他人支持，借由他人以增强解决问题的能力。

一般而言，人们面对压力时的反应，可以分为问题解决取向和情绪焦点取向。问题解决取向是将重点放在问题本身，先评估压力情境并采取适当措施来改变和避开压力，以有效而建设性的行为直接解决威胁的压力情境。情境焦点取向则是控制个人在压力下的情绪，不直接处理产生压力的情境，而先改变自己的感觉、想法，专注在减少压力对情绪的冲击，主要在于使人觉得舒服一些，但压力源并没有改变。何者对个人最有效，需要评估整体情形。如果一个人处在激动情绪状态下，也难有办法思考解决之道，可以先采取情绪焦点取向应对，先缓和情绪再说。然而一味地固着在情绪调整方面，问题可能更加恶化，使自己的情绪更为痛苦。因此，必须综合考虑主客观因素，合理应对。

4. 用积极的想法支配自己

视压力事件为"麻烦"不如视之为"锻炼机会"，视失败为"倒霉"不如视之为"天将降大任于斯人也"。

5. 利用好你的时间

首先，该做的事情马上做。今日事，今日毕。拖拉会使压力更大，压力作用的时间更持久。

其次，要学会积极的心理暗示，提高自我调节能力。

比如，当学生顶嘴时，当因学校某些不公平的事愤愤不平时，当遇上不遂人愿和力所不及的事时，教师应多进行自我心理暗示，像旁观者一样告诉自己：人生旅途经常会出现一些坎坷、挫折和大大小小的不顺利，没有挫折就失去了奋斗的意义。你一定能行，决不能轻言放弃，因为每桩伟业都是由信心开道，由坚持告终的。

再次，学会放松自己，体会过程中的快乐。

有付出就会有回报。教学生活的确有些重复，但这重复之中也有着许多的变化，教师们应当学会优化并体验这个"过程"中的快乐。学生的学业进步了，有自己的功劳，不管进步是大还是小，都应当自我意识到，并且也让学生意识到，一起享用这成果；师生间、同事间的关系拉近了、融洽了、密切了，自己应该为自己的努力高兴，与学生、与同事共同庆贺这成功。当感到压力不断时，持续数分钟的放松，往往比一小时的睡眠要好。一旦出现焦虑性的心理障碍或抑郁性心理障碍时，不妨想办法休假几天，外出旅游，亲近自然。新鲜的空气、悦目的景色、鸟虫的鸣叫，将把心头的阴霾一扫而光。

最后，介绍一套能有效放松自我的健身操，会对你走出倦怠有所裨益，不妨一试。

准备工作：

（1）选择一个安静、整洁、光线柔和的环境。

（2）坐在沙发上或平躺在床上，尽量使自己感到舒适愉快，并轻轻地闭上眼睛。

放松程序：

（1）深吸进一口气，保持一会儿。（停10秒）

慢慢把气呼出来，慢慢把气呼出来。（停5秒）

再做一次。深深地吸进一口气，保持一会儿，再保持一会儿。（停10秒）

慢慢把气呼出来，慢慢把气呼出来。（停5秒）

（2）伸出前臂，握紧拳头，用力握紧，体验手上紧张的感觉。（停10秒）

放松，尽力放松双手，体验放松后的感觉，你可能感到沉重、轻松、温暖，这些都是放松的感觉，体验这种感觉。（停5秒）

再做一次。（同上）

（3）弯曲双臂，用力绷紧双臂的肌肉，保持一会儿，体验双臂肌肉的紧张。（停10秒）

放松，彻底放松双臂，体验放松后的感觉。（停5秒）

再做一次。（同上）

（4）紧张双脚，脚趾用力内扣，用力内扣，保持一会儿。（停10秒）

放松，彻底放松你的双脚。（停5秒）

再做一次。（同上）

（5）脚尖用劲向上翘，脚跟向下向后紧压，绷紧小腿部的肌肉，保持一会儿，再保持一会儿。（停10秒）

放松，彻底放松。（停5秒）

再做一次。（同上）

（6）脚跟向前向下紧压，绷紧大腿肌肉，保持一会儿，再保持一会儿。（10秒）

放松，彻底放松。（停5秒）

再做一次。（同上）

（7）皱紧额部的肌肉，皱紧，皱紧，保持一会儿，再保持一会儿。（停10秒）

放松，彻底放松。（停5秒）

紧闭双眼，用力紧闭，保持一会儿，再保持一会儿。（停10秒）

放松，彻底放松。（停5秒）

转动眼球，从上，到左，倒下，到右，加快速度；好，从相反的方向转动眼球，加快速度；好，停下来，放松，彻底放松。（停10秒）

咬紧牙齿，用力咬紧，保持一会儿，再保持一会儿。（停10秒）

放松，彻底放松。（停5秒）

用舌头用劲顶住上颚，保持一会儿，再保持一会儿。（停10秒）

放松，彻底放松。（停5秒）

用力将头向后压，用力，保持一会儿，再保持一会儿。（停10秒）

放松，彻底放松。（停5秒）

收紧你的下巴，用颈向内收紧，保持一会儿，再保持一会儿。（停10秒）

放松，彻底放松。（停5秒）

再做一次"7"。（同上）

（8）往后扩展双肩，用力往后扩展，保持一会儿，再保持一会儿。（停10秒）

放松，彻底放松。（停5秒）

再做一次。（同上）

（9）上提双肩，尽可能使双肩接近耳垂，用力上提，保持一会儿，再保持一会儿。（停10秒）

放松，彻底放松。（停5秒）

再做一次。（同上）

（10）向内收紧双肩，用力内收，保持一会儿，再保持一会儿。

（停10秒）

放松，彻底放松。（停5秒）

再做一次。（同上）

（11）向上抬起双腿，用力上抬，弯曲腰，用力弯曲，保持一会儿，再保持一会儿。（停10秒）

放松，彻底放松。（停5秒）

再做一次。（同上）

（12）紧张臀部肌肉，会阴部用力上提，用力，保持一会儿，再保持一会儿。（停10秒）

放松，彻底放松。（停5秒）

再做一次。（同上）

结束训练：

继续保持原有姿势，享受松弛舒适的感觉，（停10秒）然后缓缓睁开双眼，返回现实。

做个快乐的班主任

字典上对快乐的解释是：感到幸福或满意。请注意在这个解释中的"感到"一词，也就是说，快乐与否，不是有了多大的喜事，而是自己的一种感觉，一种心境。一个不快乐的人，即便走路捡了个元宝也不一定笑得出来；而一个快乐的人，哪怕天天乞讨，也是微笑示人。所以，当我在这里谈快乐的话题，你却一再说"身为臭老九，重压之下，清苦之中，到哪里去找寻快乐"的时候，你该好好检讨一下自己，是你的心态出了问题，而非你的职业有问题。

"生活是一面镜子，你对它笑，它就对你笑。"这句话表达的意思是：只要你努力做一个快乐的人，你就会感到生活是快乐的。而非生活有了快乐的事情，你才感受到快乐。

所以，当你为每天不得不应付工作的压力、枯燥等种种不快，却还要忍受清苦的时候，我想对你说：笑一笑，对自己，也对学生。

每天清晨醒来后，先给自己一个微笑，对自己说："今天，我很快乐！"这不是自欺欺人，只要你觉得自己快乐，那快乐就会如期而至。不信？看校园里、教室里那一张张天真烂漫的面孔，你不开心吗？听到一声声悦耳的"老师好"，你不开心吗？一份份作业写得既工整又准确，就连经常不交作业的学生也交了上来，你不开心吗？好了，一天里有这样几件开心的事情，你就笑吧，不要吝啬自己的笑容。因为，你的微笑实在是有着无穷的魔力。

第一，微笑让自己开心。每天看着自己微笑的脸，即便有什么不开心的事情，也会暂时抛到一边了。

因为微笑就如阳光，有驱散云雾的功能。别和自己过不去，纵然遇到了烦恼的事情，也告诉自己，把微笑挂在脸上。

第二，微笑会感染学生，给学生带来快乐。我曾在公开演讲的场合"大胆"地说："小学低年级老师可以不必有多高的专业水平，只要他会笑，每天进教室带着满脸的微笑，那么他就是一个成功的老师。"这一点也不夸张。身为老师，有足够大的力量控制学生的情绪，孩子们是否愉快，决定大权几乎由老师一人掌控。当我们带着愉快的心情，把微笑给每一个学生，那么学生会带着愉快的心情投入学习。这样，老师快乐地教，学生快乐地学，学习就成了一件快乐而幸福的事情。在这样的心态下学习，学习效率焉能不高？由此，我们会因为学生的学习状态而又收获一份快乐！这样想来，你还愿意做一个面色阴沉的老师吗？

第三，微笑会让教育变成一件幸福的事情。每天带着微笑走进课堂，上课的气氛变得轻松愉快。微笑着提问，微笑着指出学生的缺点，微笑着表达自己的想法，微笑着对学生提出建议……一切都在微笑中进行，你再看学生们的反应，他们脸上的笑容会比你灿烂得多。因为快乐是可以复制的。有一首歌这样唱道："我快乐因为你快乐，你快乐所以我快乐。"我想说："你快乐学生也快乐，学生快乐了，你就拥有更多的快乐。"如此交相辉映，弥漫在教室、操场还有办公室，乃至整个学校的角角落落就都是快乐了。这不是乌托邦，不妨就从你做起。微笑会传染，一个传一个，所有的人就都微笑了。

如何让自己每天都微笑呢？有几个小秘诀。

做每一件事情，都给它一个快乐的主题。任何事情，只要你是乐观的，都可以找到快乐的光芒。比如，炎炎烈日下耕种，心里想的不是劳作的辛苦，而是不久即将到来的丰收；和心爱的人分手了，不是哀叹被他抛弃了，而是想到终于有机会可以重新寻觅真正适合自己的人；遭遇车祸伤了腿脚，不是想着自己太倒霉了，而是觉得自己很幸运，没有一命呜呼；学校给了自己一个很难管理的班级，不是抱怨自己接了一个烂摊子，而是想着自己又有一个锻炼提高的好机会……快乐是上天赐予每个人的礼物，要用敏锐的眼睛去发现，用敏锐的心灵去感受。每一件平凡的事情中都带着希望，每一件小事中都蕴含着快乐。

教师楷模魏书生说："教育是一项可以给人以双倍精神幸福的劳动，教育对象是人，是学生，是有思想、有语言、有感情的学生。教师劳动的收获，既有自己感觉到的成功的快乐，更有学生感觉到的成功的快乐，于是教师收获的是双倍的，乃至更多于其他劳动倍数的幸福。"这样一份能够给自己带来"多于其他劳动倍数的幸福"的工作，我们正在从事着，有什么理由不开心？魏书生在这样的心境下，每天高高兴兴地做着看起来平凡而烦琐的事情，尽管他有着繁忙的公务，兼任多种职务，但他一直在坚持着上好每一节课，并从每一节课中感受着快乐。他把教书育人的工作当作人生最幸福、最快乐的事情。那么你呢？每天做着和魏书生无二的工作，为什么不像他一样感到幸福呢？因为看待自己的职业，你看的角度和魏书生的不同，所以你看到的只是压力、竞争、少得可怜的薪水，却看不到魏书生眼里的快乐、收获和幸福。快换一个姿势，换一个角度吧，让自己快乐地迎接每一天的工作。相信工作内容没有变，但因为你看它的角度变了，你的心境也就和以前不一样了。

境由心生，做一个善于调节心态的人。著名社会学家马寅初曾为调节心态营造快乐而撰联："宠辱不惊闲看庭前花开花落，去留无意漫观天外云卷云舒"，这是怎样一种淡泊宁静的心境！如果能达到这样的境界，那么任何不快的事情都不能左右我们的情绪。

一位禅师非常喜爱兰花，在平日弘法讲经之余，投入大量时间栽种兰花。有一天，他要外出云游一段时间，临行前交代弟子：要好好照顾寺里的兰花。可是在一次为花浇水时，弟子不小心碰倒了兰花架，所有的兰花盆都被打碎了，兰花也散了一地。弟子们为此非常恐慌，打算等师父回来后，向师父赔罪领罚。可是禅师回来后，不但没有责怪，反而笑道："我种兰花，一来是希望用来供佛，二来也是为了美化寺里环境，不是为了生气而种兰花。"

　　禅师之所以不生气，是因为他虽然喜欢兰花，但心中却无兰花这个挂碍。因此，兰花的有无，并不影响他心中的喜悦。在日常工作中，我们应该学学这位禅师，时常对自己说，我工作不是为了生气，我不能带着坏心情投入工作。如此，我们就能做自己情绪的主人，保持一种恬淡的心境。

　　培养自信乐观的性情。无论发生怎样的不幸，都要坚信：生活在向你关闭一扇门的时候，一定会向你开启另一扇窗。所以，任何时候都不绝望，都对生活充满信心。如果能够再豁达一点，还可以做到在感谢生活带给我们幸福的同时，更感谢生活带给我们的不幸。把不幸当成财富，那么不幸降临的时候，我们依然能够微笑面对。这样，你就不仅仅是微笑示人了，而是笑对人生！

　　快乐是一天，不快乐也是一天，那为什么不天天快乐呢！

　　班主任们，做一个快乐的教师吧！

教育需要反思

　　几年前，比尔·盖茨在接受中央电视台专访时谈到，他作为微软公司的总裁，再也没有编写软件的时间了。但是无论多么忙，他每周总会抽两天时间，到一个宁静的地方待一待。为什么呢？他说，面对繁重的工作和竞争激烈的 IT 市场，作为管理者，他必须有专门的时间去思考，以作出具有战略意义的决策。

　　法国哲学家帕斯卡说："人不过是一根苇草，是自然界最脆弱的东西，但他是一根会思想的苇草。"教师当是人类中最具思考力的人群之一。教育的哀伤正在于，教育传播的主体——教师，严重缺失思考的习惯和独立思索的精神。人云亦云，把教育沦为机械的类似于体力活的工种，将使教育陷入空洞的浩劫之中。

　　最早完成原子核裂变实验的英国物理学家卢瑟福，有天深夜走进实验室，发现实验室里有个学生还在工作台上忙碌。当卢瑟福了解到学生从早晨一直到深夜不间断地工作后，他沉吟片刻问道："亲爱的，这样一来，你用什么时间来思考呢？"在卢瑟福看来，动手实践之于科学研究固然重要，不静心思考同样不可取。而对于班主任来说，做好教育反思就是最好的思考。

反思是现代教育关于教师专业化成长与发展的一个重要概念。反思能力也是现代教师素质的必要组成部分。

美国的教育心理学家波斯纳说，没有反思的经验是狭隘的经验，至多只能是肤浅的知识。因此他提出了教师成长的公式：成长 = 经验 + 反思。

所谓反思，就是自己把自己作为研究的对象，研究自己的教育理念和实践，反省自己的教育实践，反省自己的教育观念、教育行为及教育效果，以便对自己的教育观念进行及时的调整。或者说，所谓教师的反思是指教师在自己的教育实践过程中，批判地考察自己的行为，通过回顾、诊断、自我监控等方式，或给予肯定、支持与强化，或给予否定、思索与修正，从而不断提高其效能。

反思的本质是教师"理想中的自我"与"现实中的自我"的一种心灵的对话与沟通。他是教师自我超越、自我创新活动和能力的一种表现。这种活动和能力，就其发生的过程而言，可以分为三种：一是实践前的反思，所谓"以史为鉴"，即注重对以前的或现存的经验的反思。它具有审视、怀疑、批判、否定、超越、创新的性质；二是属于实践中的反思，即过程性反思，它对自己当前的动作行为实施"实时监控"，保持一种"警觉"，它具有自知、自觉、监控、防范、调整的性质；三是实践后的反思，即回顾性反思，它对已经取得的成绩或获得的经验进行一种"反刍式"加工，具有回溯、反馈、评价、自审、反省、升华的性质。就其性质而言，也可以将教师反思分为学习性反思和批判性反思。所谓批判性反思，就是运用更合理、更理想、更先进的教育理念来反思现实中的教育问题、教育弊端，在批判中开拓新的思路，创造新的经验，形成新的模式，在否定中前进，在创造中进步。

相反，如果一个教师仅仅满足于获得经验而不对经验进行深入的思考，那么，即便是有"20 年的教学经验，也许只是一年工作的 20 次重复"。

现代中小学班主任，应该把成为一个反思型教师，作为提升个人经验与智慧内涵的重要途径。

我们先看下面这个案例：

在我的抽屉里至今还保留着几个学生的作文，而这些学生早已毕业，我为什么还要保留它呢？事情的缘由是这样的：

那是 2000 年的上学期。有一次，我在下午第三节的班会课上宣布了学校有关爱护公共财产的规定，反复向同学们强调了要注意的事项。可是晚自习当我走进教室时，就发现一块窗户玻璃被打破了。一问，是学生陈萍建打破的。这个学生平时很调皮，曾因违反校纪和班规受过批评和处分。这次在我刚刚宣布了有关规定后，他就干出了这件损坏公物的事，我想他一定是对我不满，故意和我过不去，是在向我这个年轻的班主任示威，想损害我在班上的威信，我决不能轻易地放过他。想到这里，我没有对事情的缘由作进一步了解，凭着自己的想像，在教室里当着全班同学的面，我将陈萍建狠狠地批评了一顿，要他马上交钱赔偿玻璃。但意想不到的是，陈萍建当场就站了起来，用手指着我，说我乱讲，他决不会赔偿玻璃。看到他竟敢当着全班同学顶撞我，我气极了。于是当场就责令他双倍赔玻璃款，并写出检查贴在教室后面，还得罚扫三天教室。一宣布这个决定，全班同学都瞪着眼睛看着我，立刻又转入小声的议论。而陈萍建也狠狠地瞪了我一眼，随手甩出赔款，就不做声了。当时我的目的是要杀一杀他的"邪气"，并以此来警告其他妄图"犯上作乱"的学生。

这件事才过了三天，想不到教室窗户的玻璃又打破了一块。这次我气得火冒三丈，没做任何调查，就对全班同学电闪雷鸣地轰一顿，言辞非常尖刻，骂得全班同学脑袋低垂，谁也不吭一声。"玻璃事件"处理完了，以后的一段时间内，虽然玻璃没有再被打破，可损坏凳子、电灯、讲台的事情却发生了好几次。而每次去查问班上的同学，都查不出是谁干的，问班干部，他们也推说不知道。师生之间似乎总是格格不入，尤其是陈萍建，走在路上见到我就赶快把头扭开，装作没看见，对我避而远之。面对这种尴尬境况，我心里有一种说不出的滋味。

期中考试过后不久，语文教师拿着几篇学生的作文给我，说是与我有关，要我看看。我怀着一种忐忑的心情翻开了学生的作文，题目是《我的老师》这几个同学在作文中都写到了对于我处理"玻璃事件"的看法。他们分别写道："老师，陈萍建同学是搞卫生时不小心碰破了玻璃，而且他的手还被玻璃划破了。他赔玻璃是冤枉的，您这样处分他，他伤心极了。""老师，您是我们心中的偶像，可老师发怒时的样子真难看。我知道您是想维护您的面子，树立自己的威信，可恰恰相反，这样做，却破坏了您在我们心目中的形象。""敬爱的班主任，即使是我们有错，可我们毕竟是您的学生，您能否用另一种方式来批评、教育我们？"老师，生活在阳光下，我们感到温暖；置身于冷酷的寒风中，我们全身都在发抖。我们真希望老师永远是阳光。"

　　我明白了陈萍建打破玻璃的缘由。看到同学们这些肺腑之言，我此时脸发热，心不安，沉思起来。是啊！一个好的班主任，应当是学生心目中崇拜的偶像，班主任平时的一举一动，一言一行，学生都关注着、评判着。班主任用什么方法施教，用什么态度与学生相处，既影响老师的形象和威信，又关系到教育效果的好坏。当老师挫伤了学生的自尊心时，给学生心里投下的是一团阴影，学生就会怕和你亲近，甚至与你相对抗。这样，就等于把自己的教育对象拒之门外，工作就会处于被动。

　　我对"玻璃事件"的处理，方法不妥，最终不但没有取得预期的效果，反而在同学中造成了不良的影响。究其根源，是因为自己没有具备一个班主任应有的良好素质而造成的。如何挽回这不良的影响，消除师生之间的隔阂呢？我请教了其他几位同事。其中有的人认为：老师应该和学生坦诚相待，碰到这样的事情，要向同学们做个诚恳的自我批评。可大多数教师，尤其是我们这些年轻的班主任认为：向学生作检查，太丢老师的面子了，这样做只会更加破坏老师的威信，助长学生的"邪气"上升。经过了一番激烈的思想斗争，最后我还是选择了前者。我放下班主任的架子，首先与陈萍建个别交换了意见，向他承认：由于自己工作态度粗暴，方法简单，给他心灵造成了伤害。然后，在班会课上就此事向全班同学作了一次深刻的自我剖析和诚恳的反省，恳请陈萍建和其他同学原谅。由于我的态度很诚恳，语言恳切，说完后，教室里响起了一片热烈的掌声。从这掌声中，我听出了同学们对我的理解、鼓励和鞭策，从他们的眼神中，也看到了一颗颗跳动的、纯洁的心。经过这次班会和以后一段时间的努力，全班同学的心又回到了我的身边，师生的感情在诚挚的谅解中进一步加深了，同学之间团结友好的气氛更浓

139

了。我用自己的行动终于换回了同学们对我的信任。

事情尽管过去了好几年，可现在回想起来，仍记忆犹新。正是借鉴了这件事留给我的教训和经验，使我在以后多年的班主任工作中能够积极努力，不断进取并取得了一些成绩。这就是我要永远保留这几篇文章的原因。

教育的对象是活生生的千姿百态的人，学生个体差异的多样性和教育环境的复杂性，决定了教育工作的难度，也为教育出错"埋下了伏笔"。从这个意义上说，教育失误是难以避免的。但不能因为难以避免就不避免，一如交通复杂容易出车祸，我们不能一任车祸发生。问题的关键在于，失误发生以后，我们以什么态度对待它。

这就需要反思。上述案例就是一个成功的教育反思。反思的过程主要表现为一个不断否定自我、挑战自我、战胜自我、刷新自我、创造自我的过程。这个过程的结果是欢乐的，但过程是痛苦的。完成这个过程需要具备良好的个人心理品质。首先教师必须具有积极向上、完善自我的个人需要；其次要有承担问题、改正错误的勇气；第三是需要诚实和真诚。其中诚实、真诚、勇敢是最重要的。案例中的班主任教师从学生的批评中得知自己工作的简单粗暴对学生造成了伤害，最后他选择了放下班主任的架子向学生检讨。这位老师最终选择的是诚实、真诚和勇敢。

总之，反思是班主任提升自我、改变自我、超越自我、实现自我价值的重要途径，个人反思是各种学习的基础。只有通过不断地反思，才能使每一位班主任自觉修正错误、接受新观念、新知识，提高技能、智慧和素质，不断完善自己，拓展自我发展的空间，使潜能得到最大限度的开发，实现自我更高层次的人生价值。

没有反思，就会固步自封，停滞不前；有了反思，才会促使新时代的中小学班主任自己去分析原因、寻找对策、解决问题；反思既是新时代的中小学班主任解决问题的不可或缺的重要环节和手段，更是新时代的中小学班主任奋进的动力和阶梯。

在反思中进步

孔子："见贤思齐焉，见不贤而内自省也。"

他的得意高徒曾子则说："吾日三省吾身。"

内省反思，是中国传统文化中十分精彩的部分，也是每个人成长过程中必不可少的一种精神。

懂得反思的人，才能不断成长。应经常在反思中扪心自问：自己是怎样的一个人？哪些东西对自己最为重要？自己能否把每一件事情做到更好？这将会成为一个人在成长过程中审视自己的价值观、质疑自己的思路和锻炼自己的判断力的最好方法。经过了这种方法的考验，一个人会变得更强大、更自信，他的人生目标也会更加明确。从某种意义上说，有过深刻内省经验的人是在潜移默化中让自己的身心接受了一次智慧与道德的洗礼——在一系列类似的洗礼之后，他已经发生了脱胎换骨的变化，这种变化可以促使他以更加坚定的步伐走向成功，也可以为他带来更多的幸福与快乐。

美国前总统克林顿在演讲时，有学生问他："外面有许多抗议你的人，对此你有什么看法？"克林顿回答说："作为美国总统，无论我走到哪里，都会有反对我的人。我把反对我的人当作我的好朋友。当他们反对我的时候，其实是在批评我，而敢于批评我的人都是我的好朋友。"

比尔·盖茨对微软公司的所有员工说："客户的批评比赚钱更重要。从客户的批评中，我们可以更好地汲取失败的教训，将它转化为成功的动力。"

苹果公司的创始人史蒂夫·乔布斯，于 1976 年在父母的车库中组装了第一台苹果电脑。很快，苹果成为了风靡全球的电脑品牌，年仅25 岁的乔布斯则成为了信息产业里的第一位新贵。在乔布斯的带领下，苹果公司陆续推出了 apple Ⅰ、apple Ⅱ、macintosh 等家喻户晓的电脑产品。

但是，当年的乔布斯听不进别人的劝谏，一心想独揽大权。在公司里，除了一批"死党"以外，其他员工都无法容忍他那恃才傲物、目中无人的态度。终于，1985 年，他被自己请来的首席执行官史考利打入了冷官，董事会宣布，他永远不会被苹果公司委以决策者的重任。

那一年，乔布斯刚满*30*岁，大多数人都认为他的事业已经走到了终点。连他自己都说："我那时是一个最知名的失败者，我曾经考虑从硅谷消失。"但乔布斯不是一个轻易认输的人，经过痛苦地自省，他意识到是自己在某些地方出了问题，于是下定决心改变自己。后来，当他回忆这段日子的时候，他说："被苹果放逐是非常苦的，但是良药苦口，我这个病人正需要这剂良药。"

*20*年后，乔布斯不但创立了著名的pixar公司（大部分卖座的三维动画影片都是由pixar制作的），还成功地重返苹果公司的领导岗位，让苹果公司奇迹般地起死回生，并重新推出了imac、ipod等深受市场欢迎的产品。在他的领导下，苹果公司的股票上涨了*12*倍。这件事被一名传记作家称为"商业舞台上最伟大的第二幕"。

我想，乔布斯之所以能够成功演出这出"商业舞台上最伟大的第二幕"，与他善于内省反思是绝对分不开的。

有一个成语大家都很熟悉，叫做"一叶障目"。一叶何以障目？只是因为我们不愿意或者不知道怎么把这片叶子移开、拿掉，让它抓住了我们的弱点。

让反思成为我们每个人良好的习惯。

作为一名班主任，仅有观察是不够的，只知道一味"低头拉车"，而不懂得"抬头看路"也是不行的，而只知道看前面的路不懂得回头看一下自己的脚印更是不够完整的。仅仅能够捕捉到问题是不够的，还要有分析解决这些问题的有效思路。许多教师都有写教育随笔或教育日记的习惯，教师在记录教育活动的同时，更要分析透过这些教育现象的本质，思考更为理想的解决方法，即使最终没有得出结论，思考的过程也是极有意义的。

教师每天无论是听课、上课，还是常规的教学管理工作，都要及时反馈校正：

这节课的预设是否有问题？

最出彩的地方在哪里？

学生情绪调动如何？

课堂气氛是否达到自己的要求？

今天有没有哪一点比昨天做得更好？

有没有解决一个新问题？

技能有没有新的提高？

有没有学到新东西？

能不能做得比别人更好？

我的工作或专业对别人有没有帮助？

周围的人有没有夸奖自己？

……

这些都是老师可以思考的。反思得越多，经验就越多。

我们因梦想而伟大

我们因何而成功，因何而伟大？这并非大而无当的空泛问题，它有确切的答案。不过，这里还是让我们用一个例子来说明这一点。

法国的巴拉昂是一位年轻的媒体大亨，以推销装饰肖像画起家，在不到 10 年的时间里，迅速跻身于法国 50 大富翁之列，1998 年因前列腺癌在法国博比尼医院去世。临终前，他留下遗嘱，把他 46 亿法郎的股份捐献给博比尼医院，用于前列腺癌的研究；另有 100 万法郎用于奖给揭开贫穷之谜的人。

巴拉昂去世后，法国《科西嘉人报》刊登了他的一份遗嘱。他说："我曾是一位穷人，去世时却是一个富人。在去世前，我不想把我成为富人的秘诀带走，现在秘诀就锁在法兰西中央银行我的一个私人保险箱里，保险箱的三把钥匙在我的律师和两位代理人手中。谁若能够回答'穷人最缺少的是什么？'而猜中我的秘诀，他将能得到我的祝贺。当然，那时我已无法为他的睿智而欢呼，但是他可以从那只保险箱里荣幸地拿走 100 万法郎，那就是我给予他的掌声。"

遗嘱刊出之后，《科西嘉人报》收到大量的信件，许多人寄来了自己的答案。绝大部分人认为，穷人最缺少的是金钱，穷人还能缺少什么？还有一部分人认为，穷人最缺少的是机会。一些人之所以穷，就是因为没遇到好机会。另一部分人认为，穷人最缺少的是技能，现在能迅速致富的都是有一技之长的人，一些人之所以成了穷人，就是因为学无

143

所长。还有的人认为，穷人最缺少的是帮助和关爱，每个党派在上台前，都给失业者大量的承诺，然而上台后真正关心他们的又有几个？另外还有一些其他的答案，比如说穷人最缺少的是漂亮，是皮尔·卡丹外套，是《科西嘉人报》……总之，答案五花八门，应有尽有。

巴拉昂逝世周年纪念日，律师和代理人按巴拉昂生前的交代，在公证部门的监督下打开了那只保险箱。在48516封来信中，有一位叫蒂勒的小姑娘猜对了巴拉昂的秘诀，蒂勒和巴拉昂都认为穷人最缺少的是梦想，即成为富人的梦想。

巴拉昂的谜底和蒂勒的回答见报后，引起了不小的震动。这种震动甚至超出法国，波及英美。一些好莱坞的新贵和其他行业几位年轻的富翁就此话题接受电视台的采访时，都毫不掩饰地承认：梦想是永恒的特效药，是所有奇迹的萌发点。有些人之所以贫穷，大多是因为他们有一种无可救药的弱点，即缺乏梦想。

美国第37任总统威尔逊说："我们因为有梦想而伟大，所有的伟人都是梦想家。他们在春天的和风里，或是冬夜的炉火边做梦。有些人让自己的伟大梦想枯萎而凋谢；但也有人灌溉梦想，保护它们，在颠沛困顿的日子里细心培育梦想，直到有一天得见天日。这些是诚挚地希望自己的梦想能够实现的人。"

我们每个人在儿时都拥有过伟大的梦想，只是不知道在何时被改掉了、被偷走了，或因为我们给予的滋养不足，梦想的种子仍旧深埋在土里，难以发芽。

心爱的东西不见了，可以再去买；钱没有了，可以再赚回来；惟独梦想若是被偷走了，就很难再寻觅回来。不过，除非我们愿意，否则没有谁可以偷走我们的梦想。

有这样一个男孩，父亲是位马术师，他从小就必须跟着父亲东奔西跑，一个马厩接着一个马厩、一个农场一个农场地去训练马匹。由于经常四处奔波，男孩的求学过程并不顺利。

上初中时，有一次老师让全班同学写篇作文，题目是"长大后的志向"。那天晚上，这个男孩洋洋洒洒写了7页纸，描述了他的伟大志向。

那就是想拥有一座属于自己的牧马农场，并且仔细画了一张十几万平方米农场的设计图，上面标有马厩、跑道等的位置，而在这一片农场中央还要建造一栋占地近400平方米的巨宅。他花了好大的心血把报告完成，第二天交给了老师。

两天后他拿回了报告，第一页上打了一个又红又大的F，旁边还写了一行字："下课后来见我。"脑中充满梦想的他下课后带着报告去找老师："为什么给我不及格？"

老师回答道："你年纪轻轻，不要老做白日梦。你没钱，没家庭背景，什么都没有。盖座农场可是个花钱的大工程，你要花钱买地，花钱买纯种马匹，花钱照顾它们。你别太好高骛远了。"老师接着又说："如果你愿意重写一个不太离谱的志向，我会重新给你打分数。"

这个男孩回家后反复思量了好几次，然后去征询父亲的意见。父亲告诉他说："儿子，这是非常重要的决定，你必须自己拿定主意。"再三考虑后，男孩决定交回原稿，一个字都不改。他告诉老师："即使拿个大红的F，我也不愿放弃梦想。"

经过若干年坚持不懈的努力，这个男孩终于实现了自己的理想。他就是美国著名的马术师蒙提·罗伯兹。

蒙提·罗伯兹的成功告诉我们：一个人什么都可以没有，但绝不能没有梦想；一个人什么都可以丢弃，但决不能把梦想丢了，因为梦想就是生命。敢于梦想本身就是一种开拓和创意，不论做什么事，只要心存梦想，相信自己，我们就一定能获得成功。或许我们会认为这些梦想是遥不可及的，如果我们就此放弃，恐怕就真是永不可及了。

在人的一生中，坎坷、挫折和不幸总是占去大半。如果在面临不幸时，仍然保持自己的梦想，那就意味着我们的人生还有希望。

翻开中华民族几千年的教育史，大凡杰出的教育家及其教育活动，无不闪烁着梦想的光辉。"有教无类"，这是孔子的梦想，靠着这种梦想，他最早唱出了中华民族浪漫主义教育的光华乐章。"学术自由，兼收并蓄"是蔡元培的梦想，他用这种梦想，引领一批学人开创了具有一代"风骨"的北大精神，"北大"也成了民族精神的象征。

一个教师如果没有梦想，每天的教育工作就成了日复一日的机械劳动，缺乏意义与价值，也无情趣和快乐，职业倦怠往往由此而生，长此以往，自然就会走向平庸进而堕入"灰色的人生地带"。只有漫步在梦想的丛林，才能有幸领略教育的快乐，才能有幸体味教育那丰富的内涵。一堂生动的课例，一次成功的教育活动，都是教育诗篇中的一章一节；一段精彩的讲解，一个优秀的创意，都是教育诗篇中的一词一句；一个优雅的手势，一次舒心的微笑，都是教育诗篇中的一标一点；一次对正确的肯定，一个对错误的判定，都是教育诗篇中的一顿一挫……仔细品味其中的价值与意义，足以使你萌生为教育事业孕育美妙诗篇的自豪与荣幸！

学校必须成为一个"梦想"的岛屿。教师应该成为这个岛屿的当然守望者！有了这样的岛屿，学校才不会沦为一个精神荒芜的世俗之地，才不会成为一个人心浮躁、追名逐利的市肆里巷。世间的许多东西都不能超前，惟有"梦想"可以走得很远很远。她是未来的设计者，她是明天的想像力，她是希望和力量的源泉。"梦想越浓，恐怖就越来越淡。"梦想，站在未来教育的地平线上，引领教育工作者走在充实而壮丽的教育征途上。

绝不轻言放弃

英国首相温斯顿·丘吉尔不仅是杰出的政治家，还是著名的文学家和演讲家。晚年时，一所著名的大学请他作毕业典礼的演讲。这次演讲大约进行了20分钟，在这20分钟里，丘吉尔只是不断地重复着两句话："绝不放弃，绝不认输，绝不，绝不，绝不!"这是在他生命中发表的最后一次演讲。

读这个故事，我仿佛听到来自半个多世纪前那持久而热烈的掌声，掌声中我仿佛看到人们思索的眼神、顿悟的表情。丘吉尔的演讲短暂而永恒。很多时候，不是走向成功的路异常泥泞、艰辛，而是我们自以为走不过去了，以为前面那个困难大得难以想像。不错，前进路上的很多困难正是从我们心里生出来的，这把心里的锁把我们锁得透不过气来，把我们锁得身心疲惫。其实，那个困难可能只是个气球，看起来很大，只要你走过去，它就被你呼啸而来的风吹跑了。心理学家做过实验，让人把自己最烦恼的几件事写下来，过了一段时间再看这几件烦恼事，发现很多烦恼并没有发生，还有一些烦恼其实根本就不是烦恼。困难和烦恼的性质，大抵相同。

人生在追求梦想的路上，起初会热情洋溢，但最难的是中间那段奋斗，那段需要"绝不、绝不、绝不放弃"的坚忍岁月，这段日子确实会有很多困难，确实会发生很多意外，但是所有困难加起来，都不如我们能够想出来的克服困难的办法多，最可怕的困难和障碍不在外界，而在我们心里。

许多人都听说过这个故事：

动物园有一只象在很小的时候就到了这个动物园。饲养员用一根铁链将它锁在一块石头上，小象不想要这个障碍，它要自由，它挣扎，但是它还小，它还没有这么大的力气，挣扎了一次又一次，一次又一次，最后，它妥协了，放弃了。渐渐地，它长大了，成了一头大象，它有足够的气力掀翻这块石头了，但它已没有了挣脱的欲望。那块石头对大象不再有任何威胁，威胁来自大象的内心深处，那是心里的障碍，心中的锁。

班主任们，请不要放弃，至少不要在五年内放弃！朝着奋斗的目标，坚持五年，你一定会做出属于自己的一片教育的天空！你要知道，美国总统的一届任期只有四年，中国国家总理的一任也只有五年。一个老想管全世界的美国，总统想做出点让公民认可的事业来，也只有四年的时间；一个占世界人口五分之一的泱泱大国，给总理展示才华的期限也只有五年。我们教一门功课，带一个班级，认真地坚持做上五年，研究上五年，一定能够出成绩。

这五年里，你也可以选择某个内容作为教育教学上的一个点进行突破性研究，作为班主任，你也可以研究班队活动，或是班集体建设，或是晨会课，或是和后进学生的谈话等等；如果你兼任着语文老师，你可以研究阅读教学，或是研究作文教学，或是研究课外阅读，或是研究写字教学，或是研究识字教学，或是研究提前读写等等。先把这一个点做好，做出自己的特色来，再迁移或拓展。

147

我想再次请你记住的是，这五年里，不管发生怎样的困难，你都要"绝不、绝不、绝不能放弃"，因为五年时间，并不是很长。

认识新时期的班主任工作

我们都知道，教育与社会发展同步，社会所发生的一切变化都能以某种适当的方式在校园里呈现出来。而班主任对于班级工作必须把握时代特征，明晓新时期新课程给班主任工作带来的新变化，清醒认识并积极应对面临的新问题、新挑战。班主任应按照新课程的理念，大力推进素质教育，为国家和社会培养具有高度科学文化素养和人文素养的人才。

认识新时期班级工作面临的新问题

1. 科学技术发展提出的新挑战

2. 市场经济提出的新挑战

（1）社会的主导价值观受到挑战。

（2）班级工作受到社会环境的挑战。

（3）班级工作受到家庭教育的挑战。

3. 网络提出的新挑战

新的时代，新的问题，新的挑战。班级工作本来就比较复杂和艰巨，并不是每一个班主任都能适应和胜任的。面对新的挑战，很多班主任表现出不适应也是很自然的事情。这些不适应涉及班级工作的方方面面。有些是老问题，有些是新现象。但是，无论是哪一项都需要班主任耗费精力去应对和调整。下面概述班主任在班级工作中的不适应表现。

班主任对班级工作的种种不适应表现

1. 不是我不明白，是因为这世界变得太快——对新时期学生的不适应

（1）学生行为习惯有违社会道德规范，冲击班级常规教育

因为受市场经济的影响，现今学生的道德观念和过去相比已经发生了很大变化。相当部分学生的道德观念和道德行为有弱化的趋势，在道

德行为上一些公认的社会道德准则在不少学生中并没有成为自我约束力量。（比如，"考试作弊"问题）

（2）心理疾患或显或隐，挑战班主任的专业素质

当今社会正处在转型期，激烈的竞争，传播媒介的影响，再加上学校过于强调升学率，致使家庭、学校只重视对学生的知识传授和智力的培养，而忽视了学生心理的健康发展。尤其是现在的中学生基本上都是独生子女，父母望子成龙、盼女成凤心切，子女的升学、分数成为父母心理平衡的补养品，因而不能客观实际地给孩子制定目标，以及对学生进行性知识提前教育。这些因素的影响，使学生们面临着很大的心理压力，对许多问题感到迷茫和困惑，但又不知如何解决。

（3）部分学生喜好大胆怪异，挑战班主任的价值观

或许，很多班主任都有这样的感受，学生喜好大胆怪异，喜欢沉醉在虚拟与幻想当中，其对某些事情，比如追星的狂热、迷恋，到了令成年人不可思议的地步，其中体现出来的价值观，与成年人世界格格不入。

2. 我拿什么来拯救你，我的学生——对班主任新角色的不适应

这是典型的对班主任的新角色不适应的表现。因为新课程对班主任的角色要求不是学生的拯救者。新课程下的班主任与学生是平等的关系，班主任不是拯救者，学生也不是被拯救者。

新课程要求班主任成为学生学习的全能型引导者，成为外部信息的获取、整理者，成为班级学生关系的协调者和平衡者，成为班级文化的设计者，成为学生的人生引导者。班主任的主要角色从管理者转移到了引导者。

班主任工作是以促进学生的健康发展为基本任务的。在伴随学生人生发展的过程中，班主任所担当的是引路人的工作，他所扮演的是良师益友的角色。因而，在班主任工作中，必须淡化教育者的角色痕迹，与学生平等对话，建立朋友般的师生关系，做到师生之间的相互悦纳。作为班主任要善于把问题摆在学生面前，引导学生出主意，想办法，这样既可以增强学生的参与意识与解决问题的能力，又达到了理解、执行班主任意图的目的。

3. "药"到"病"不除——班主任工作的方式方法不适应

新课程要求班主任工作的方式方法突出"引导"和"协调"，弘扬主体，尊重个体，促进学生的发展。这与新时期学生的特点是相适应的。不少班主任沿袭过去传统的管制办法，收效甚微甚至适得其反，明显地反映出工作上方式方法的不适应。

（1）重教学交往，轻情感交流；（2）告状式家访；（3）忽视指导学生的人际交往；（4）单向式的师生关系；（5）忽视与科任教师的协调和与上级领导的沟通；（6）太少赞赏或滥用赞赏；（7）无规矩或规矩过多；（8）重常规教育，轻思想教育；（9）重德育轻智育，或重智育轻德育；（10）重学习，轻文体；（11）重结果，轻过程；（12）管理缺乏系统，拆东墙补西墙；（13）强调师生平等，缺乏距离；（14）交往出现明显的亲疏；（15）重优轻差，或重差轻优。

4. 我拿什么来奉献给你——班主任自身素质对班级工作的不适应

长期以来，教师一直被人们誉为"蜡烛"、"火炬"、"春蚕"，广大教师也为此自居和自喜。一代又一代的教师在此种精神光环的照耀下，默默无闻，无私奉献，为国家和社会培养了无数的人才。然而，时代发展到今天，教师仅仅做春蚕、做蜡烛、做火炬是不够的。"蜡烛"、"火炬"、"春蚕"远远适应不了培养创新人才的要求，也适应不了新课程背景下班级工作的要求。时代要求教师要与时俱进地发展自己，因为教师的发展，是学生发展的前提。新课程重视教师的专业化成长。新课程下的班主任不是蜡烛，无须燃烧自己，照亮别人；也不是春蚕，无须到死丝方尽。新课程要求班主任在工作中自我发展，自我提高，自我完善，从而与学生同成长，共进步。

班主任的角色转换

1. 新课程新理念促使班主任不断审视并转换自身角色

（1）班主任角色由单一型向多元型转换；（2）班主任角色由权威型向对话型转换；（3）班主任角色由限制型向发展型转换；（4）班主任角色由高耗型向高效型转换；（5）班主任角色由经验型向科研型转换；（6）班主任角色由被动适应型向主动创造型转换；（7）班主任角色由封闭型向开放型转换。

2. 新时期班主任的角色定位

（1）班主任应该是"学科专家"和"人生导师"。

作为班主任，无论是在知识技能上，还是在行为品质上，都必须具备以身垂范的能力，既要当"经师"，又要做"人师"。（经师——"学科专家"、人师——"人生导师"）

（2）班主任应是学生的"知心朋友"和"阳光使者"。

班主任是学生的"知心朋友"和"阳光使者"，是学生精神的关怀者，具体表现如下：①学生人格的守护；②学生个性的张扬；③学生情感的激励；④学生心理的疏导。

（3）班主任应该是"班级文化的设计师"。

班级文化包含两层含义：一是学生学习生活的硬环境；二是促进学生发展的软环境。

（4）班主任应该是"家校沟通的桥梁"。

如何帮助家长树立正确的教育观念，走出误区，和家长共同唱好学校内外一台戏，是班主任的一项重要任务。作为班主任需要做好四方面的工作：①配合家长学校，统一教育观念；②开好家长会，取得家长支持；③开展亲子活动，家校和谐统一；④做好"家访"，全面了解学生。

如何运用班主任工作规范做好常规工作

那么，作为新时期的班主任，面对种种挑战和不适应，该如何调整自己呢？

1. 班主任要树立"人人皆可成材，生生都有作为"的全面人才观念

美国著名的教育心理学家布鲁姆曾谆谆告诫我们："只要提供了适当的前提和现实条件，几乎所有人都能学会一个人在世界上所能学会的东西。"不言而喻，只要育人得法，说教得体，学生均能成长为不同领域的建设型人才。这就要求班主任老师必须树立全面的、新型的人才理念。常言道"七十二行，行行出状元"，道理即在于此。

2. 班主任要加强学习和研究，努力提高自身的理论素养

用教育理论指导工作，可达到事半功倍的效果，如果盲目工作，头痛医头，脚痛医脚，那只能是事倍功半。近年来，班主任工作领域的理

论论著日益增多，作为班主任要随时注意这方面的信息。如：《新时期班主任工作》、《班主任工作新论》、《中学班主任工作 100 例》、《实用班主任辞典》等，这些书都从不同角度探讨班主任工作的理论问题，对班主任的工作有较强的指导意义。

3. 班主任应加强反思与总结，全力提升自己的教育智慧

反思是现代教育关于教师专业化成长的一个重要概念。教师成长的公式：成长 = 经验 + 反思。

优秀教师应是反思型教师，反思行为表现在：

（1）对教育理念实施的反思；（2）对教学目的的反思；（3）对教学方法的反思；（4）对学生评价的反思；（5）班主任反思的最好形式就是写教育日记。

新课程改革对班主任工作提出的新要求

新一轮基础教育课程改革在全国轰轰烈烈地展开，它既对班主任工作提出了新问题、新挑战，同时也为班主任工作创造性地发展提供了新的契机。领会新课程的新观念，把班主任工作与课程改革相结合，班主任工作就会有新的突破。

（1）学生情感、态度、价值观的引导。

（2）学生成长烦恼的消解。

（3）班级文化的重建。

（4）学生可持续发展的素质能力培养。

（5）学生成长的信息源，学生获取知识的信息平台。

①设计：自主化　自主化班级管理

②学习：重新学习

③咨询：身体和心理发展　智力和非智力因素的发展

④组织：小组合作学习、探究性学习

⑤研究：要掌握教育科学、管理科学

⑥交往：协调多方关系的外交家

比如，协调班级学生与科任教师、班级与学校、沟通家校、学生与社会等方面的关系。

班主任工作基本规范解读

班主任工作基本规范就是班主任工作基本职责及要求。做一个好的班主任、要建设一个好的班集体，应当是每一个班主任的梦想和工作动力。但是，时代不同，对班级工作的要求也不尽相同，衡量好班主任和好班级的标准也是不一样的。当今时代，是创新的时代、是培养创新型人才的时代、是实施创新教育的时代。创新时代赋予班主任角色新内涵，尤其在新课程背景下，重新对班主任的职责及要求进行定位，进一步明确班主任工作基本规范，将有助于指导我们的工作实践。

班主任工作职责常规

（1）按照德、智、体等全面发展的要求，开展班级工作。

全面教育、管理和指导本班学生，使他们成为"四有"新人。开学初制定好班级工作计划：明确指导思想、工作目标和要求，工作重点及主要活动安排，采取的主要措施等。期末应由班主任进行工作总结。

（2）关心爱护每一个学生，做好后进生的转化工作。

对学生进行思想政治和道德教育，保护学生身心健康。教育学生热爱社会主义祖国，逐步树立为人民服务的思想和为实现社会主义现代化而努力奋斗的志向，培养社会主义道德品质和良好的心理品质，遵守《中（小）学生守则》、《中（小）学生日常行为规范》和学校、班级的规章制度。

（3）教育学生努力完成学习任务。

配合各科任教师教育、帮助学生明确学习目的，端正学习态度，掌握正确的学习方法，提高学习效率和学习成绩。

（4）教育指导学生参加学校规定的各种劳动，协助贯彻实施《体育卫生工作条例》，教育学生坚持体育锻炼，养成良好的劳动习惯、生活习惯和卫生习惯。

（5）关心学生课外生活，指导组织学生开展各种有益身心健康的科技、文娱和社会活动，鼓励学生发展正常的兴趣和特长。

（6）加强班级文化建设，搞好教室的环境布置。

进行班级的日常管理，建立班级常规，指导班委会和本班的团队工作。培养学生干部，提高学生的自我管理能力，把班级建设成为奋发向上，团结友爱的班集体。坚持目标管理，组织学生开展创"文明班级"、"先进班级"活动。

（7）协调科任教师，及时了解和研究学生的思想、学习情况，协调各科活动和课业负担。

（8）做好家、校联系工作，争取家长和社会有关方面的配合，共同做好各类学生的教育工作。

（9）积极参加班主任学习培训和德育科研工作。

（10）严格执行学生学籍管理的有关规定，配合教导处作好学生的学籍管理工作，做好本班学生思想品德评定和有关评选"三好学生"、"优秀学生干部"等奖惩的工作。

班主任工作规范的基本原理和原则

（1）班主任工作的基本原理：以人为本，教人求是，学做真人。

（2）班主任工作应遵循以下基本原则：①学生主体原则；②因材施教原则；③启发疏导原则；④实践活动原则；⑤集体教育原则；⑥民主公正原则；⑦严爱相济原则；⑧以身作则原则；⑨调查研究原则。

班主任应具备的工作技能

1. 制定班级工作计划
保证计划的可操作性；和学校工作保持一致；要通过民主程序确认。

2. 实施计划和调整班级工作计划
①深入了解学生，足勤，目勤，口勤，手勤，脑勤；②坚持微调性、简易性、实用性原则调整班级工作；③切忌头痛医头；脚痛医脚。

3. 构建和谐班集体
（1）选拔培养班干部，加强团队建设。

遵循公平竞争、民主选举、指导性与实践性相结合、示范性与训练性相结合、实用性与合理性相结合、民主性与制度性相结合的原则。

（2）建设班级文化。

班级物质文化建设：搞好班级（教室）环境布置；班级精神文化

建设：培养班级的凝聚力和集体荣誉感；培养学生的责任感与诚信精神；班级制度文化建设：规章制度、公约、纪律等培养学生法制意识和法治精神，养成遵纪守法的自觉性。班级文化建设必须结合本班实际，依靠学校、家长、社会和其他老师的配合与支持。

（3）开展德育活动课与课外兴趣小组活动，在思想品德课和班会课上，选取小学生喜闻乐见的形式，对学生的品德教育起到润物无声的效果。

（4）构建班级家庭社区教育网络。

学校与家长：成立家长委员会，家长学校，召开家长会，通信联络等。学校与社区：建立固定活动场所，建立校外辅导站，与校外教育机构联系。

（5）构建学生和谐生活。

①培养学生良好习惯：舆论宣传，加强认识；制定规范，强化行为；反复纠正，形成自然。

②构建学生健康心理：有清醒的自我意识；愉快地接纳自己；良好的注意品质；良好的思维品质；珍惜友谊，乐于与人沟通；强烈的上进心；坚强的意志；勇敢的精神；同情、感恩、责任和爱。

③培养和发展学生学习兴趣：进行学习目的的教育，激发学生学习的需要和兴趣；通过诱导，迁移和提问等方式进行学习兴趣的培养。

④增强学生体质：提高学生对身体健康重要性的认识；传授必要的健康知识；培养良好的健康习惯；协助体育老师上好体育课。

⑤确立科学的学生评价体系：注意评价内容的整体性和综合性；评价主体的多元化和多样化；形成性评价和终结性评价相结合；定性评价和定量评价相结合。

中小学班主任工作规范暂行规定

"中小学班主任工作暂行规定"是班主任的职责常规，班主任在遵守这些规定的基础上，应努力地做好各项班级工作，以促进学生的健康发展。

《中学班主任工作的暂行规定》

第一章　班主任的地位和作用

第一条　班组是学校进行教育、教学工作的基本单位，班主任是班集体的组织者、教育者，是学校领导者实施教育、教学工作的得力助手，班主任在学生全面健康的成长中，起着导师的作用并负有协调本班各科的教育工作和沟通学校与家庭、社会教育之间联系的作用。

第二章　班主任的任务和职责

第二条　班主任的基本任务是按照德、智、体、美全面发展的要求，开展班级工作，全面教育、管理、指导学生，使他们成为有理想、有道德、有文化、有纪律、体魄健康的公民。

第三条　班主任的职责

（一）向学生进行思想政治教育和道德教育，保护学生身心健康，教育学生热爱社会主义祖国，逐步树立为人民服务的思想和为实现社会主义现代化而奋斗的志向，培养社会主义道德品质和良好的心理品质，遵守《中学生守则》和《中学生日常行为规范》（试行稿）。

（二）教育学生努力完成学习任务。会同各科教师教育、帮助学生明确学习目的，端正学习态度，掌握正确的学习方法，提高学习成绩。

（三）教育、指导学生参加学校规定的各种劳动，协助学校贯彻实施卫生工作条例，教育学生坚持体育锻炼，养成良好的劳动习惯、生活习惯和卫生习惯。

（四）关心学生课外生活、指导学生参加各种有益于身心健康的科技、文娱和社会活动，鼓励学生发展正当的兴趣和特长。

（五）进行班级的日常管理，建立班级常规，指导班委会和本班的团、队工作，培养学生干部，提高学生的自理能力，把班级建设成为奋发向上、团结友爱的集体。

（六）负责联系和组织科任教师商讨本班的教育工作，互通情况。协调各种活动和课业负担。

（七）做好本班学生思想品德评定和有关奖惩的工作。

（八）联系本班学生家长，争取家长和社会有关方面的配合，共同做好学生教育工作。

第三章　班主任工作的原则和方法

第四条　调查研究、全面了解学生。要从学生特点和思想实际出发，进行工作和教育活动。讲求思想教育工作的科学性、针对性、实效性。

　　第五条　正面教育、积极引导、寓教育于活动和管理之中。要表扬先进，树立榜样，充分调动积极因素，对学生的思想认识问题，不要简单地批评压制，要循循善诱，以理服人。要引导学生进行自我教育，发扬学生的主动精神和创造精神。

　　第六条　热爱学生、尊重学生。对学生严格要求，耐心帮助，热情关怀。要努力做好后进学生的转化工作。工作中发扬民主作风，严禁体罚、变相体罚和侮辱学生人格，注意发挥集体的教育作用。在进行集体教育的同时注意培养学生良好的个性品质。

　　第七条　以身作则，言传身教。衣着整洁，仪表端庄。在思想、道德、文明行为等方面努力成为学生的表率。

　　第四章　班主任的条件和任免

　　第八条　班主任的条件：拥护党在社会主义初级阶段的基本路线，拥护四项基本原则；热爱教育事业，教育思想端正、工作责任心强；作风正派；有一定教学水平和组织管理能力。

　　第九条　对于不履行班主任职责、玩忽职守或其他原因，不适宜做班主任工作的，应撤销或免去班主任职务。

　　第十条　班主任由校长任免。

　　第五章　班主任的待遇和奖励

　　第十一条　班主任任职期间一律享受班主任津贴（包括民办教师），各地可根据实际情况，在国家拨发的班主任津贴基础上，适当增加津贴。

　　第十二条　建立班主任表彰制度，各地根据实际情况对教育思想正确，班主任工作成绩显著的优秀班主任进行表彰奖励，国家教委对成绩突出，贡献卓著的优秀班主任予以表彰和奖励。

　　第六章　班主任工作的领导和管理

　　第十三条　校长和教导主任应加强对班主任工作的领导，定期召开班主任会议，了解情况，听取意见，指导工作。

　　第十四条　教育行政部门和学校应有计划地对班主任进行培训，组织班主任学习教育理论、交流工作经验，不断补充进行思想教育所需要的新知识，努力提高班主任队伍的思想水平和业务能力、对于连续担任班主任工作达一定年限的教师，应给予休整、总结、提高的机会。

第十五条　学校建立班主任工作档案，作为考核晋级、评定职务评选先进的重要依据。

第三章　附　则

《小学班主任工作的暂行规定》

第一章　班主任的地位、作用及其基本任务

一、班级是学校进行教育教学活动的基本单位。班主任是班集体的组织者和指导者，是学校贯彻国家的教育方针，促进学生全面健康成长的骨干力量。对于学校教育教学计划和其他各项管理的实施、协调本班任课教师的教育工作和沟通学校与家庭、社会教育之间的联系，起着重要的作用。

二、班主任工作的基本任务是在学校校长的领导下，按照德、智、体、美全面发展的要求，开展班级工作；培养良好的班集体，全面关心、教育和管理学生，使他们的身心得到全面健康的发展，长大能够成为有理想、有道德、有文化、有纪律的社会主义公民。

第二章　班主任的职责

三、按照《小学德育纲要》，联系本班的实际，进行思想品德教育，着重培养学生良好的道德品质、学习习惯、劳动习惯和文明行为习惯。

四、经常与任课教师取得联系，了解学生的学习情况，协同对学生进行学习目的教育，激发学习兴趣，培养刻苦学习的意志，教会学习方法，学好功课，并掌握学生的课业负担量。

五、关心学生的身体健康。教育学生坚持体育锻炼，注意保护视力，培养良好的卫生习惯。

六、指导班委会和少先队工作。培养团结友爱，积极向上的班集体。做好学生的个别工作。

七、指导学生参加劳动实践。关心学生的课余生活，支持并组织学生开展各种有益的课外活动。

八、搞好班级的经常性管理工作。对学生进行常规训练，做好学生的品德评定和学籍管理工作。

九、经常与家长保持联系，互通情况，取得家长的支持与配合，指导家长正确教育子女，注意争取社会力量教育学生。

第三章　班主任工作的原则和方法

十、面向全体学生，全面了解学生的思想品德、学习、健康、劳动和生活，对学生全面负责。

十一、正面教育，启发诱导。对学生要采取说服教育的方法，调动各种积极因素，充分发挥榜样的作用。力戒简单粗暴、严禁体罚和变相体罚学生。

十二、热爱、尊重学生、严格要求学生。要尊重学生的人格和自尊心，做学生的知心朋友，调动学生的主动性、积极性、要对学生进行严格的管理和教育，把培养学生正确的道德认识同行为训练结合起来。对有缺点错误的学生，要满腔热情地耐心帮助。

十三、从实际出发，根据小学生的心理特点、思想实际、个性差异以及社会、家庭的影响，提出不同的教育要求，有的放矢地施行教育。

十四、以身作则、言传身教。严格要求自己，增强道德修养，起表率作用。

十五、集体教育同个别教育相结合，要通过开展集体活动，建立正确的集体舆论，培养集体荣誉感、自豪感，形成良好的班风，充分发挥集体教育的作用。同时，要注意培养学生的良好个性品质。

第四章　班主任的任职条件和任免

十六、班主任由学校校长任免。学校校长要按条件选聘班主任，对于不履行班主任职责、玩忽职守或因其他原因不适宜做班主任的工作，应免去其班主任职务。

十七、班主任的基本条件是：

1. 拥护党在社会主义初级阶段的基本路线，坚持四项基本原则；

2. 热爱学生，热爱教育事业，热心班主任工作；

3. 品行端正，能以身作则，为人师表；

4. 教育思想端正，有一定的教育科学知识和一定的教学能力；

5. 有一定的组织管理能力和较强的责任心。

第五章　班主任的待遇和奖励

十八、班主任任职期间，享受班主任津贴。各地可根据财力实际情况，对国家原规定的津贴标准适当提高。民办教师享受与公办教师同等的班主任津贴。所需费用，可由乡人民政府列入教育事业费附加中计征，也可由各地通过其他办法筹措。

十九、建立班主任表彰制度。各地对在工作中做出显著成绩的优秀班主任，要进行表彰和奖励，并作为考核晋级的依据。国家教委对成绩优异有突出贡献的班主任授予荣誉称号。

第六章　班主任工作的领导与管理

二十、班主任工作由校长负责领导。学校要把班主任工作放在重要位置上，定期召开班主任会议，了解情况，听取意见，组织交流经验，研究、指导工作。学校领导要关心班主任的工作和学习，注意调整他们的工作负担。

二十一、班主任工作应有计划、有总结。学校校长要定期考查班主任工作，并归入业务档案。

二十二、教育行政部门应加强对班主任工作的管理和指导，有计划地开展培训，帮助学校组织班主任学习教育理论，交流工作经验，不断提高业务能力。

教育科研部门应开展对班主任工作的研究活动，使班主任在教育科学理论的指导下，遵循规律开展工作。

××学校班主任工作基本规范

班主任是教育教学工作的组织者、协调者，是班级德育的主要教育者。为了实现学校的培养目标，要努力提高班主任的思想水平和工作能力，根据我校具体情况，学校为加大对学生日常管理的力度，让班主任明确工作职责和工作程序，使学校对班主任工作管理更加规范，特制定《××学校班主任工作规范》。主要内容如下：

一、班主任的基本任务

以马列主义、毛泽东思想、邓小平理论、"三个代表"精神为指导，依据教育方针、遵循教育规律，通过道德教育、法纪教育、心理教育、思想教育、政治教育、情感教育、财富教育等，树立起积极向上，勤奋学习，热爱劳动，艰苦奋斗，团结友爱，遵守纪律的良好班风；统一协调任课教师对本班的教育教学工作，最大发挥教育实效；面向全体学生，促进学生身心发展，全面提高学生素质。

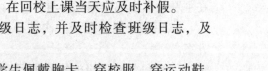

二、班主任的基本要求

1. 班主任作为班级领导者、组织者，要自觉同学校保持一致，坚持贯彻学校的规章制度。

2. 班主任要为人师表，不断提高自己的思想政治觉悟、业务水平和工作能力，加强自身的思想品德修养、文化修养和教育理论的修养，实事求是、以身作则、热爱学生，严禁打骂、挖苦讽刺、体罚学生。

三、每日常规

（1）每日卫生要求：每天上午上课前和下午第一节课前。督促值日生搞教室和分担区的卫生；晚自习前督促值日生倒干净垃圾桶的垃圾；并了解当天的评比结果。

（2）早自习尽量深入班级，督促学生按质按量完成作业，按时交作业，对没来的学生了解情况，并及时通知家长，学生无故不回校上课，班主任必须立即通知家长。

（3）课间操班主任要站在本班队伍的前面，检查出操人数，督促学生排好队，认真做好广播操；眼保健操班主任要安排专人负责，督促检查。

（4）把好请假关，家里有事请假须学生出示家长证明或有家长的电话请假，有病请假后要检查该生的医院证明或药费单。统一使用请假条，学生提出正当的请假理由，班主任批准后再交政教处批准才生效。如学生遇急事或急病来不及请假的，在回校上课当天应及时补假。

（5）每天要求班干部记录好班级日志，并及时检查班级日志，及时了解学生的学习状态。

（6）每天检查学生仪表，督促学生佩戴胸卡，穿校服，穿运动鞋。检查学生日常行为规范情况，并及时纠正学生违纪行为。

（7）每天应该安排时间到班里巡视、观察学生状况，洞察班内学生的情绪、学习气氛、班容班貌等。掌握班级学生动态，发现问题及时处理。

（8）及时向科任教师了解上课情况，及时处理本班的偶发事件。

四、每周常规

（1）准时参加每周一早晨7：10分的班主任例会，并做好记录，认真贯彻学校一周的工作要点和要求。

（2）每周一的升旗仪式，组织学生按要求着装、站队、敬礼等，严肃认真，保证升旗仪式的教育作用。

（3）按要求开好每周一下午的班会。综合本班学生每周的表现，评定每个学生的德育考核评分，并在班会课上公布。充分利用班会时间，对学生进行做人、求学等各方面的教育，按规定交班会记录。

（4）每周班主任必须深入宿舍一次，与舍务教师和学生进行沟通，了解住宿生的各方面表现。

（5）利用自己空课时间，经常与本班任课教师沟通，并共同探讨和及时解决出现的问题。

（6）每周召开班级干部会议一次，充分听取学生意见，和班级干部共同探讨班集体的发展和建设，使班级事务工作有条不紊，顺利开展。

（7）每周有计划、有意识、有目的的和几名家长联系（家访、电话、教育平台短信、约到学校）把家庭教育和学校教育有机结合。

（8）认真写好班主任工作周记，对一周的工作进行总结和反思，对下一周工作做计划。

（9）指导本班开展团队活动、文体活动和劳动。严格抓好学生的考勤工作。

五、每月常规

（1）根据学校安排确定本月教育主题，月初布置给学生，让学生在主题教育中都能积极参与。

（2）每月至少召开一次精心准备的主题班会，并且有班会的详细方案。

（3）每月对班级的物品进行一次彻底检查，做到及时维修、更换，并分清责任人。

（4）每月写一篇班主任工作的论文（千字文），可以一事一议，也可以是工作的反思等等，按时交到政教处。

（5）每月对班级工作做一次全面总结，重点表扬各方面先进，查找优良班集体建设中存在的问题，和班级阶段目标实现情况。

（6）每个月末结合班级量化考核结果，班主任认真分析班级存在的问题，及时与政教处交换意见。

六、每学期常规

（1）开学前，按学校要求，在摸清班级情况下，制定班主任工作计划，本学期班级奋斗目标，要求计划可操作性强，措施得当，目标明确。

（2）做好开学的各项准备工作，对上学期遗留问题和本学期可能发生的新问题做好预防。个人不能解决的，及时向有关部门汇报，力求使一些影响正常教学的问题在开学之初就能得到顺利解决。

（3）响应学校的号召，积极组织好班级学生参加学校组织的各项活动，完成学校布置的各项任务。

（4）组织好月考、期中考试、会考、期末联考等工作，做好成绩的统计，针对考试出现的问题及时分析解决。

（5）密切与家庭联系，定期进行家访，开好家长会，认真听取家长的意见和建议，并及时反馈到有关部门，充分挖掘家教的潜力，要及时向家长通报其子女取得的每一点成绩，和家长一起共同搞好学生的全面教育。

（6）自主化管理班级按要求做准备，积极进行社会实践活动，认真进行工作和总结，其他班级配合好自主化管理同学的工作。

（7）升国旗的值周班班主任按学校要求做好升降国旗工作。

（8）认真填好《学生手册》上的学生评语，每学期的学生评语关系到对学生的评价客观与否，平时多点积累，注意观察学生各方面的表现，及时记下来，提前动手写，不夸张，要秉笔直书，以鼓励为主，既要实事求是，又要写成"温馨评语"。

（9）认真填写学生档案，内容要客观，用词要得当，成绩要准确。

（10）做好班主任工作的总结，各种材料和报表按时上交。管理好本班办公物品和班费，期末时对本班物品、班费做彻底清点，有关情况向学生说明。每学期上交一篇德育论文。

（11）组织学生开展"学雷锋，做好事"活动，对班里每一个学生每学期至少进行一次谈心，并做好记录。

（12）对本班学生的偶发事件、违纪行为，班主任有责任对其尽心教育，严重的甚至给予处分。但事前应向政教处汇报，并组织好材料供政教处做出决定时参考。

（13）组织好每学期四次的文明班，文明学生评比工作，并根据评

163

比情况及时总结、教育学生。

七、其他方面

（一）关于处理突发事件：班主任要及时掌握班里的一切动态，沉着冷静处理事件。

（1）遇到学生晕倒或其他疾病，要及时联系校医、政教处，校医如处理不了要将学生及时送往医院，并立即通知家长；如学生患传染性疾病，应及时报告，并做好隔离处理。

（2）遇到学生打架斗殴，要及时制止事件的进一步恶化和扩大，首先让双方住手并冷静下来，马上通知政教处。

（3）如在班主任下班后，该班学生出事并需要班主任协助处理的，该班主任应尽快赶到指定地点，协助处理事件。

（二）关于学生辍学、转学：耐心劝导、手续齐全。

有学生不回校上课有辍学、转学的苗头，老师的工作要做足。要及时联系家长，耐心劝导学生返校上课，在劝导无效的情况下要求家长到校办齐退学、转学手续。步骤：

（1）学生写好退学申请，家长签名。

（2）约定时间请家长到校办退学手续，并交齐保留学籍等费用。

（3）将退学、转学申请交教务处备案。

（三）关于问题生的转化：多点耐心和爱心。

（1）深入了解、真诚理解

要求班主任：深入了解造成这些学生落后的原因；了解学生的志趣、爱好、才能、思维等；真诚理解学生和对待学生，既要对他们从严要求，指出他们的不足；又要去理解他们，关心他们。

（2）充分信任、循循善诱

班主任在做转化工作时，不能持有偏见，应对他们充分信任，要善于捕捉他们身上的闪光点；不能成为高高在上的说教者，而应成为他们可依赖可信任的朋友。

（3）密切配合，落实措施，分级转化，根据问题生的程度不同，分级转化教育，并做好转化记录。

第四章

妥善协调校外的教育力量

做好家校联系工作

家校联系在班主任的班级管理中是相当重要的一环，涉及教师的教学理念能否落实，教师的教学活动进行能否顺畅，教师能否将家长对学校教育的疑问由阻力转为动力，进而有效运用家长的各种社会资源，成为班级建设的另一个有效支持系统。

家校联系概论

（一）什么是家校联系

家校联系，是指家长和学校之间以促进孩子成长为共同目标，以活动为纽带所形成的家校教育合力。其目的主要表现在两个方面，其一在于维持学校教育的持续开展。学生在学校中的表现有时只是一种表象，因此才会有学生"在校"和"在家"不一样的现象。家校联系的目的之一就是要通过家庭的反馈，使学校和教师对于学生接受教育的真实情况有所了解并能采取相应的措施。其二在于形成正确的家庭教养方式和理念。家庭是学生尤其是中小学生接触时间最长，影响最大的教育源，家庭的教育往往会对学生造成潜移默化的影响。家校联系的另一目的就是要将正确的、有效的教育方式通过一对一的、温和的、间接的方式传达给家长，改善家教方式。

（二）家校联系的主要方式

家校联系的方式多种多样。从学校层面来说，建立教师家访制、家校定期对话制、教师家长共评制、优秀家长及学习型家庭评选、设立家长开放周、家长接待日、组织家长参观校容校貌、随堂听课、为教风学风的建设以及学校管理献计献策等一系列活动和制度都是家校联系可以采取的形式。

1. 家庭访问式

家庭访问简称"家访"，是教师到学生居住的地方与学生家长进行交谈的一种形式，家访有普访和专访两类。普访是指教师对全班学生家长进行一次普遍访问，旨在了解学生的家庭环境，家长具体情况和家庭气氛等。专访指就某一种目的对个别学生进行专门访问。

2. 组织家长会式

家长会是对家长群体进行指导、联系的一种方式，是为了家校沟通、配合、解决普遍性问题而采取的形式。

3. 家长委员会式

家长委员会是由中小学、幼儿园、托儿所组织的，由家长代表参加的一种群众性的组织。家长委员会的任务是密切联系本校本班的家长，收集并及时反映家长对学校工作的建议和意见，协助并参与学校的教育工作，动员家长教育好自己的子女，对个别家长的子女教育工作进行帮助和指导。

4. 家长学校式

目前，家长学校主要是指为学校中学生的家长开办的学校，旨在系统地向家长传授抚养教育子女的科学知识，交流推广成功的教育子女的经验，提高家长的教育能力和教育素质。开办家长学校的目的不是仅仅为解决家庭教育过程中遇到的个别问题，而是从根本上提高家长的素质。

5. 通讯联系式

通讯联系是指教师利用电话、学生手册、作业本、信件与家长联系的方式，一般而言，通讯联系比较方便省时。

（三） 家校联系的作用

良好的家校联系有助于有效联结教师、学校、家长的资源。教师和家长的密切配合，对学校教育的进行以及班级教学活动的实施，具有相当积极的作用：

1. 有效提高学生学习效果

建立良好的亲师关系对学生学习效果有很大的提高，心理学家的诸多研究发现，家长和教师是学生成长过程中的重要之人。因为家长参与学生学习过程，可以使学生感受到父母对自己的关怀和重视，激励其在学校生活中的学习动机与兴趣。学生也会因为父母的重视和参与，适时地给予指导，而扫除各种学习上的障碍。有了家长的参与，教师可以减少许多做个别学生思想工作的时间，在教学上可以给学生更多的指导和关爱，提高学生学习的效率，从而提高教学水平和教学质量。

2. 促进教师专业健康成长

建立良好的亲师关系，可以给教师提供更多与家长沟通的机会。教师通过与不同家长的互动，不但可以达到扩展视野的效果，将自身的思想延伸到教育范畴之外，同时可以通过亲师合作汲取不同的资讯，有助于促进本身各方面学习的意愿，从而充实自己的知识。教师本身也会因为必须发挥专业领导者的角色需求，愿意投注更多的心力于教学之中。更重要的是，因为受到家长对孩子教育的期许，对教育的重视与投入热忱，教师本身的教学专业能力可以得到提升。如果教师和家长建立良好的专业成长关系，则家长的资源和各方面的知识将有助于丰富教师的视野，提升教师的基本能力。

3. 能增进家长的教养知识

家长参与学校教育对家长教养知识有正面的作用。有研究指出，一般家长并不觉得自己有能力帮助孩子的学校学习，大多数的家长需要教师寄更多有关课程资料给他们。有鉴于此，家长如果实际参与学校的教育活动，对于学校教育目标、课程教材、环境设备，甚至教师的教学理念、教学方法与策略有更深一层的认识，在指导孩子学习时，就能与学校的教育措施相结合。家长也可以因为和孩子接触时间的增加，更能了解孩子在团体中的行为表现与人际关系，从而寄予子女适当的期望。教师如果通过资料的提供、理念的分享，及时提供给家长教养方面的信息，增加家长教导子女的新思想、新观念、新技巧，将有助于增进亲子关系。

4. 保持学校良好关系

学校关系的营造有助于教育目标的达成，家长通过学校教育活动的参与，可以了解学校办学方针及各项教育活动本身所蕴含的意义。学校接纳家长，一方面可以了解家长的期望，另一方面可以随时澄清家长对学校的误解。此外，可以通过家长的力量协助学校、支援学校。家长是社区的一分子，是学校和社区的媒介，如家长和教师保持良好的互动，将促使学校和社区紧密的联系，沟通顺畅，对营造学校良好人际关系大有帮助。而通过教师的中间协调，同一班级的家长互动良好，也有助于教师改善班级经营的状况。

家庭的教育

家庭教育的重要性不言而喻，本文不再深入涉及，这里所讨论的家庭教育影响主要指的是家庭对于学校教育可能产生的影响。这种影响主要体现在：一是家长本身对于学校教育活动的直接参与；二是家长在辅助孩子进行学习活动中对孩子接受学校教育的影响；三是家庭环境对于孩子接受学校教育的作用和影响。

（一）家长的权利及义务

1. 家长的权利有哪些？

（1）家长有权为其子女选择公立学校或私立学校；有权将子女从一所学校转到另一所自认为质量更好的学校。

（2）家长有权了解学校的政策及教师教育教学情况，并对此作出客观公正的评价。

（3）家长有权查阅和获得其子女在学校里的一切档案资料，包括其在校成绩、健康状况、工作表现、奖罚记录以及学校辅导员对他（她）的心理分析结果等。

（4）家长有权参与学校的管理，并提出中肯的意见与合理的建议。

（5）家长有权就自己认为不合适的课程和教材内容向校长及上级教育行政部门反映。

2. 家长的义务有哪些？

（1）家长必须履行让学生接受义务教育的义务。

（2）当学生在校违纪（如无故缺课、逃课等）时，家长有义务及时了解情况并作出解释，保证今后不再犯。

（3）家长有义务根据家庭经济条件，尽量满足子女生活上的要求和学习上的必需。

（4）家长有义务为子女提供一个和睦的家庭环境，促进子女身心的健康发展。

（5）家长有义务防止和排除外界对子女的侵害。

（6）家长有义务培养子女诚实、独立的品质，自由、开放的民主态度，知难而进、百折不挠的精神等等。

（二）学校中的家长参与工作

学校中的家长参与，指家长作为参观者来到学校支持学校事务或者参加学校座谈会或参与关于家长教育的一些活动项目。同时也可以认为家长参与是家长作为学校教育的志愿者帮助教师、学校管理者以及学生开展各项工作，或者在一些其他方面的校方事务给予协助。

（三）家庭环境的教育影响

从教育者和受教育者的关系来看，学校的教育者和受教育者之间，是单纯的师生关系，仅仅是一种社会关系。而家庭教育中的教育者和受教育者之间的关系，是天然的血缘关系，不仅表现为社会关系，也表现为一种自然的关系。因此，家庭环境对于孩子的影响有时不仅能对学校教育形成正面的促进或者是反面的阻碍作用，甚至能左右学校对于孩子的教育影响。

要使家庭教育和学校教育结合起来，这就要求当家长的认真学习，在基本立场、观点上与时代的节拍相协调。学校是专门的教育机构，一般来说，在宣传党的方针政策、对学生进行思想教育方面更全面、更正确。而家长，从总体上看就不会像学校那样进行系统的理论的学习和研究。正是从这个意义上说，家庭教育应当向学校教育靠拢。家长主动地与学校取得联系，了解学校教育的内容、目的、步骤、方法，这本身就是一种学习。

良好的亲师关系的建立

学校与家庭是学生受教育最重要的场所，也是影响学生人格发展的关键场所。一位学生如果能够在教师与家长相互配合及协助下，其成长应该较为顺利。因此，班主任教师应该为构建良好的亲师关系作一定的努力。

（一）家长的几种养育风格

父母在价值观、态度和信仰等方面所表现出的不同特点会导致不同的养育风格的形成。一般而言，主要存在三种类型的养育风格，分别是专断型、权威型和纵容型。

1. 专断型父母

专断型养育风格强调了父母对孩子的完全控制和孩子对父母的绝对

服从。父母是完全正确的，孩子要遵从父母的标准。如果需要，父母可能会使用体罚来强迫孩子顺从他们的意志。这种风格的父母，主要通过奖励和惩罚来控制他们的孩子，孩子既不能提问题，也没有与父母商量的机会。

2. 权威型父母

权威型父母会在考虑到孩子的发展阶段和个性差异的基础上，对孩子的行为进行适当地限制，权威型养育是介于专断型养育和纵容型养育之间的一种养育风格。具有这种养育风格的父母允许孩子对规则和责任提出自己的意见，以此来培养孩子的责任感。孩子有一些自由，但是前提是不能损害他人的权利和利益。

3. 纵容型父母

纵容型父母希望自己能够在促进孩子自我管理能力的发展方面有所作为。因此，在这种类型影响下，孩子实际上比父母有更大的权力。纵容型父母让孩子尽可能地自我调控活动，而不是依赖于成人的控制性训练，他们不鼓励孩子服从外部已经规定好的标准。

（二）亲师沟通的方法

1. 教师与家长沟通的前提是互相尊重

尽管在教师与家长关系中，教师起主导作用，但他们在人格上是完全平等的，不存在尊卑、高低之别。因此，教师必须尊重学生家长的人格，特别是要尊重所谓"差生"和"不听话"孩子家长的人格。对教育过程中出现的问题，首先要从自己身上找原因，还要客观地分析问题的症结所在，公正地评价学生的表现和家长的家庭教育工作，与家长共同研究解决问题的方法。

教师不要动辄就向家长"告状"，不要当众责备他们的子女。作为教师，更不能训斥、指责家长，不说侮辱学生家长人格的话，不做侮辱学生家长人格的事。否则会造成教师与家长之间的隔阂甚至对立，还可能引起学生对家长或教师的不满，损害教师的形象，降低教育效度。尊重别人是自尊的表现，也是得到别人尊重的前提，正如常言所说："敬人者，人恒敬之"。

2. 教师与家长沟通的重要手段是家访

教师的家访需要注意一些问题，例如每次家访最好事先与家长约定，不作"不速之客"，以免使家长因教师的突然来访而感到不自在。家访一定要围绕事先确定的目的进行，最好请任课老师陪同。一方面显得较有诚意与重视；另一方面也可以加强老师与学生之间的联系。教师在家访中要有诚心和爱心，讲话要注意方式，要多表扬孩子的长处和进步。如果教师对家长抱有诚心，对学生拥有一颗爱心，那么，家长必然会成为教师的朋友。切记，表扬学生就是表扬家长，批评学生就是在打家长的脸。

3. 教师与家长沟通的艺术是倾听

任何教师，无论他具有多么丰富的实践经验和深厚的理论修养，都不可能把复杂的教育工作做得十全十美，不出差错。而且随着整个民族素质的提高，家长的水平也在不断提高，他们的许多见解值得教师学习和借鉴。加之"旁观者清"，有时家长比教师更容易发现教育过程中的问题。因此，教师要放下"教育权威"的架子，经常向家长征求意见，虚心听取他们的批评和建议，以改进自己的工作。这样做也会使家长觉得教师可亲可信，从而诚心诚意地支持和配合教师的工作，维护教师的威信。

家校合作的建立

（一）家长和教师的关系类型

教师与家长的不同交往，会形成不同的关系类型。一般有如下几种：

1. 指导型

以教育学生为共同指向，在交往中，教师明显处于主导地位，尤其在对孩子教育的内容和方式上，对家长应起到指导作用。

这种关系类型是以威信、遵从为主要特征的。教师以高度的事业心、责任感和丰富的教育教学经验以及较强的交际能力为前提，而家长总是报以尊敬、信服、配合的态度。

2. 共研型

共研型与指导型都是以教育学生为指向而发生的交往，但指导型多是意见的单向传播，而共研型则注重双向沟通。即对学生的有关信息，教师与家长共同进行交换、分析和研究，以达到较好的共识和合作。这种交往，教师常常表现出开放、民主、研讨的心态，而家长则以学校教育的重要参与者提出宝贵的意见，它以民主、平等、共讨为主要特征的。

3. 情感型

教师在与家长的交往中，逐渐形成了一种情感上的融洽，彼此产生好感，进而在更深层次上进行沟通。交往的内容已不再局限于学生身上，而是涉及共同的社会见解，相似的个人阅历，相同的文化背景和共同的兴趣爱好。交往的方式多样，频率也较高。这种关系类型是以共识、情感、私交为主要特征的。

4. 任务型

教师与家长的交往，目的明确，而且单一，具有例行公事的意味。一般是按学校布置或例行才进行交往，奉行"有话则长，无话则短"的原则。这种关系类型是以任务、规范、短时为特征的。

5. 诉状型

教师与家长的交往，是由于学生的不良品质和违纪表现所引起的，正如通常所说的"无事不登三宝殿"。因此，在这种情况下，教师常常充当告状者，家长充当执法官，学生则处于被告地位，关系处于紧张状态。这种交往，是以压服、紧张、逆反为其特征的，效果不好。

6. 互斥型

教师与家长之间由于下列原因，产生一种互相排斥现象：一是家长对教师的教学水平、教育方法乃至个人品质有成见，因而不愿和教师接触；二是教师因家长品德差或对孩子过分宠爱而不愿往来；三是教师与家长对孩子失去信心或讨厌而放弃沟通。但不管是哪一种原因，如果教师与家长出现互相排斥，互不通气的情况，就必然给孩子的教育和成长带来不利。作为教师，应主动避免或改变这种不正确的关系。

（二）家长和教师良好关系的建立的工作重点

在学校，无论做什么，要赢得父母或监护人的参与和支持，是个不小的挑战。下述方法可以有助于教师建立良好的家长—教师关系。

1. 在学校开学之前，把信件送到学生的家里，向其父母或监护人介绍你自己并要求他们参与学校的事务，成为学校团队的一部分。一些教师把业余爱好、才能和兴趣的调查包括在信件里面，因为父母可能愿

意在这一年的某些时间分享他们上的一节课，给学生讲讲他们熟悉或感兴趣的事情。要强调父母在孩子的教育中扮演的重要作用。

2. 定期送信件给家长，让他们了解自己孩子在课堂上的积极表现和行为。因为父母常常只是听到他们的孩子在学校的不良表现。每周留出10分钟送2—3个便条给不同学生的父母，不要只说学生得到什么样的成绩，要赏识学生愿意参与课堂教学，并为课堂作出贡献的行为，或在完成一项任务上作出突出成绩、正在取得进步的学生都应该得到一份鼓励。

3. 有时可以号召父母交流他们教育孩子的一些好的经验。它能起到提醒的作用，这是非常有价值的。

4. 和那些在完成作业上有困难或在课堂上有不良行为的学生的父母制订一个家庭—学校的合同。如果学生完成合同，父母就提供一个特殊的权利和奖赏。你也可以做一个检查记录单，在记录单上必须有你和父母每天或每周的签字。这个方法可以预防学生撒谎的行为，如对家长说"今天没有布置家庭作业"或其他类似的"不准确的"信息。

5. 要求父母参与到你的课堂中来。作为特殊的志愿者，发掘父母的才能，他们不仅可以成为学生实地考察旅行和课堂的监督者，而且可以成为教师的助手和代言人。你可以到家里做一个调查，获得他们拥有的技能、兴趣和愿意帮助的信息。

6. 家庭访问，会见学生的父母。从这些访问中你可以了解学生更多的情况，而且你将和学生的家庭进行更多的沟通，表达你对学生真正的关心。

7. 对于学生家庭的情况要敏感。可能你的一些学生只和父母一方（不一定是母亲）或和祖父母、兄弟姐妹、姑姑姨娘、叔叔大伯等无关的监护人或者养父母居住。也可能你的学生有已故的、被关进监狱的、生病住院的父母。在和家庭签合同之前，要准确地了解孩子的生活状况，这使你能够避免一些令人为难的窘境。

8. 如果孩子在班级有困难，一定要早一点让他们的父母知道，不要等到成绩单被送到家里。

9. 考虑一年几次送给父母"班报"，让他们知道你的班级正发生着

174

什么。甚至可以让你的学生来负责写作、编辑和印刷。实地考察旅行、一节课的特殊设计、来宾演讲、生日、个别学生取得的成绩，这些都是很好的素材，都可以成为"班报"的内容。

10. 发起一个家庭娱乐晚会活动，父母和孩子来到学校，一起参加一些有趣的娱乐活动。这些活动可以结合你的学科内容，或者可以纯粹是提供一个相互了解和娱乐的机会。一些学校给父母提供了流行话题的工作坊，非常成功。其中一些话题是关于如何培养父母成熟的抚养技能。如果你的教员不能做某一题材的工作坊，那么就在团队里找能做的人。

11. 指定一个月中的一个晚上举行非正式的开放的会议，邀请所有的父母参观你的教室，讨论一些关心的问题，或者问更多关于孩子学业的事情。如果没有一个人表达观点，你就做一些其他的工作。

班级家访工作

（一）家访的类型

1. 普遍型家访

这是指班主任刚接手一个新班时，为了了解班内每一位学生的情况，集中一段时间对全体同学进行的家访。普遍性家访是班主任刚接手新班时必须做的一项工作，它对于班主任及时了解班级同学的大概情况，制订班级下一步工作计划，采取下一步行动都具有重要参考价值。此外，普遍性家访还有利于班主任和家长双方互相认识了解、沟通教育信息，为以后的班级各项工作的开展取得家长的支持打好基础。其内容包括了解学生家庭情况、学生家长的文化水平、对待子女的教育态度和方法、家长为子女提供的家庭教育条件、学生的课余生活、个性特征，并向学生家长介绍学生在校的基本表现、学生所在班级的基本情况、任课教师的配备及班主任自身的情况等。在进行普遍式家访时应避免形式主义走过场，要善于观察分析，并将每次家访情况记录在案。

2. 慰问型家访

这是指学生本人发生意外（如病休、受伤等），或由于学生家庭发生重大变化（如学生亲人病故、家庭发生灾难）对学生造成很大影响时，班主任及时登门拜访，代表学校和班级对学生及其家人表示慰问，并帮助解决一些力所能及的问题。这对增进班主任与同学、家长的情感，赢得学生及家长的尊敬有良好的作用，也能帮助学生摆脱困境，振作精神投入学习。

3. 表扬型家访

这是指学生（尤其是后进生）有了学习上或思想上的进步，取得了特别突出的成绩时，班主任及时家访，向家长作恰如其分的汇报，给学生和家长以热情的鼓励，勉励学生再接再厉，取得更大进步。

4. 沟通型家访

这是指学生同父母发生了矛盾冲突，有了情绪对抗、隔阂，影响了学生在校的学习生活时，班主任登门拜访学生家庭，同学生家长促膝谈心，交流如何教育、理解不同代人的看法，调整学生同家长的相互关系，沟通学生同家长的情感，为学生创造一个良好的家庭人际关系尽到自己的责任。

5. 防微杜渐型家访

当学生思想上、行为上出现异常性征兆或已经出现了一些不良的行为时。为了取得家长的配合，及时家访。运用委婉的语言，向学生家长通报学生正在发生的异常变化，提醒家长给予注意，并且同学生家长共同商讨教育对策，以便使学生不再产生错误的思想和行为。

6. 纠正不良家庭教育的家访

这是指当学生家庭在教育学生上出现不良的教育观或不正确的教育方法，影响了学生的健康成长时，班主任应及时做好纠正家长教育观、教育方法等方面错误的工作，以便统一学校和家庭教育的要求，提高家长的教育素质，促进学生的成长。

（二）家访的技巧

1. 明确目的

每次家访，班主任都要明确要达到什么目的。目的不明，则易陷入盲目性，谈话无主题，东拉西扯闲聊一通，不着边际，既不解决什么问题，也没有什么意义，还耽误家长的时间，造成不良影响。其实，即使一般性家访也是有明确的目的的。概括地讲，双方互相认识，加强了解，沟通情感，争取家长配合学校的工作，形成教育合力等。具体来讲，让家长对班主任的工作态度、工作方法、教学水平有所了解，对自己孩子在校表现有所了解。班主任也可借助家访了解家长的文化水平、教子方式、亲子关系、家庭基本状况、学生在家表现等。此外，其他几种类型的家访也都具有各自明确的目的。家访中最忌讳的是向学生家长提出私人要求，这样不仅有损教师形象，产生不良影响，引起家长的不满，也不利于班主任开展工作。

2. 做好充分准备

（1）家访计划准备

一般来讲，家访计划可分为两类，一是学期家访计划。根据学校和班级工作计划制订，主要内容包括本学期家访目的、要求、任务、家访阶段、家访步骤、家访方法、家访技能准备（如社交能力、表达能力、亲和力、感染力、说服力）等；二是个别家访计划。个别家访计划主要针对本次家访的性质和特点而定。一般包括本次家访的目的、任务、要解决的问题、注意事项、方法和能力准备等。

无论什么计划，一要制订得尽量具体详细，易于操作；二要针对性强，最好一次就解决一个中心问题或完成一项中心任务；三要留有机动和灵活反应的余地。切记任何计划都是为了解决现实问题，而不是束缚手脚的教条。计划常常赶不上变化，应该根据不断变化的情况，具体问题具体分析，灵活机动地处理即发性问题。因此，再好的计划也只能作为实际家访时的行动脚本，供参考之用。

（2）了解学生

为了使家访能够顺利进行，家访前，班主任要认真详细地了解和掌握学生的有关信息。这些信息包括学生的家庭地址、学生的学习成绩、学习态度、学习方法和习惯、学生的气质和性格、学生遵守纪律情况和文明习惯的养成情况、学生的兴趣爱好、学生的品行情况（如是否要求上进、具有什么样的价值观、学生的交往情况等）。在了解学生时，有些班主任可能感到无从下手。其实，了解学生的途径是多种多样的，如通过课前准备和课后复习以及作业状况了解学生的学习态度和学习能力；借上学、放学、上下课及课间休息时间同学生接触了解学生的兴趣、特长和人际关系；通过游戏了解学生自觉遵守规则、独立性、创造性和组织能力发展的状况；通过课外活动与学生谈话来观察了解学生的

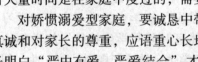

交友情况；通过主题班会、团队活动了解学生的思想境界与集体主义精神等。

（3）了解家长

班主任在家访前，为了增加家访的针对性和有效性，提高家访的效率，除了了解学生以外，还必须了解家长的有关情况。对家长的了解内容主要包括家长的职业、文化程度、收入水平、性格特征、亲子关系、对子女的教育态度与方法、每天与子女相处的时间、家长的兴趣爱好、思想品德等。

（4）准备谈话的内容与方法

谈话内容由每次家访的目的决定，根据每次家访要完成的任务或要达成的目的的不同，来确定家访的主要内容，以此制订谈话策略。至于谈话方法可根据谈话主题和谈话气氛、家长心理特点、教子态度与方法而定。要注意随机应变，灵活处理。

3. 巧用时机

班主任选择家访时机应全面考虑学生在校的表现情况、学生心理、家长的作息规律、学校及班级计划的安排等。班主任切忌在学生犯了错误后采用告状的方式进行家访。一方面，这可能引起学生家长简单粗暴地对待学生，从而引起师生关系的对立和学生家长同子女关系的对立；另一方面经常采用告状式的家访也会引起学生家长的不满，不利于班主任同家长的相互沟通。

4. 家访对象

由于每个家庭都有其特殊性，所以应对症下药。

对通情达理型的家庭，可以直言不讳地同家长进行广泛而深入地交谈，从中获得收益。

对撒手不管型的家庭，班主任要让家长懂得离开了家庭教育的配合，不管教师付出多大的努力，都无法收到完满的效果。因为学生毕竟有大量时间是在家庭中度过的，需要家长共同参与教育。

对娇惯溺爱型家庭，要诚恳中带着刚强，不卑不亢，并显出自己的真诚和对家长的尊重，应语重心长地劝诫家长理解严与爱的关系，让家长明白"严中有爱、严爱结合"才是育子良方。而一味娇宠溺爱，无原则地迁就孩子的一切不合理的要求，其实是放弃自己对孩子的教育权，是对孩子的教育不负责任的表现。

对粗暴型的家庭，要本着诚恳的态度，晓之以理，动之以情，让家长明白打骂不但不能代替教育反而会疏远亲子关系，造成感情隔阂，严重的还会使孩子悲观厌世造成人格扭曲。应该劝这类家长多看孩子的长处，多关心鼓励孩子勇敢地面对自己的不足。另外，要同家长一起反思：是否对孩子要求太高了？应注意孩子的身心特点及现有的知识水平，据此提出合理的要求。

对缺损型家庭的孩子，因缺乏父母之爱，易产生孤僻、乖戾之性情，不合群，郁郁寡欢，应用师爱代替父母之爱，并发动全班同学都来关心他们健康成长。

5. 学生适当的谈话

首先，这是尊重学生人权的表现。特别是在进行一些关乎学生切身利益的重大决策时，学生在场，可以以老师、家长和学生三方中的一方的身份发表自己的意见与看法，对自己不满意的决策或举措有权提出反对意见，以便进一步修改完善，使教育举措与决策更加人性化、科学化。

其次，有学生在场的情况下，班主任和家长对学生的一些情况不了解时，可以请学生阐述清楚，澄清事实真相，以免产生误解，使得家长和教师对学生能有一个正确而全面的认识。

再次，三方一起面谈，可以共同分析学生存在的主要问题，有针对性地提出一些意见与建议，帮助学生解决问题。学生一般是乐于接受的，即使当时不愿接受，还可进一步协商对策。

最后，可以增强学生对班主任和家长良苦用心的理解，为今后自身的改进和提高创造条件。某些学生之所以担心老师家访，主要原因认为老师是来告状的，因而对老师的家访存有戒心。而当学生了解到班主任及家长的心情、想法、动机、愿望之后，认识到班主任和家长是真正为自己的发展与进步着想，因而愿意接受他们的教育，这就为学生下一步发展与提高创造了良好的条件。

家长会

家长会是学校与家庭联系的必要形式，促使家庭教育与学校教育同步的必要措施。它是学校邀请家长参加学校教育工作的重要形式，也是班主任同学生家长集体联系的基本形式。这对学校同家庭保持密切联系，促使家庭教育与学校教育同步进行，形成集体教育的智慧，具有重要的作用。

（一）家长会的主要目的与内容

召开家长会的目的：主要是使家长了解学校和班级的教育要求，向家长汇报班集体发展的主要情况，包括进步情况和存在的主要问题，要求家长配合班级开展的重要活动，与家长共同研究改进教育学生的办法和措施，发动和组织家长自己教育自己，如请一些家长积极分子介绍教育子女的先进经验等。

家长会的主要内容涉及以下几个方面：

1. 报告学校的教育情况。如介绍学校工作计划和班级工作计划，说明本学期学校、班级将组织的重大活动等。

2. 介绍班级学生各方面的表现。如表扬学生中的好人好事，介绍学生的学习情况，听取学生介绍学习经验，介绍班级教育工作成绩等。

3. 研究本班教育问题。如与家长共同研究解决在近阶段出现的问题，讨论更好地实现下一阶段教育任务的途径等。

4. 宣传教育子女的知识和方法。交流家庭教育经验，使家长掌握科学的家庭教育理论。

（二）家长会议的规模和时间

1. 规模

家长会议从规模上分，主要有全班学生家长会和部分家长座谈会两种。

全班学生家长会，可以是全体任课教师、班主任及全体学生家长参加的，也可以是由班主任组织部分任课教师和全体学生家长参加的。例如汇报班级教育工作情况及全体学生总的学习情况和表现的。部分学生家长会，主要为了解少数学生的学习情况或其他方面的问题，只需要班主任组织部分任课教师和部分学生家长参加，由他们进行专门研究，讨论针对部分学生的教育教学措施，如女学生妈妈会、视力较差学生的家长会等。

2. 时间

召开家长会议的具体时间一般根据需要和形式确定，全班学生家长会是制度性的，一般一个学期1~3次，而部分家长座谈会则视需要而定。但从总体上说可在开学后，期中考试后和学期结束前召开。

（1）开学后

一般来说，在开学后召开的学生家长会，主要是向学生家长介绍学校或本班本学期的教育工作计划，各阶段的教育中心、教改方面的设想及向学生家长提出的具体要求，统一学校教育和家庭教育的目的，明确各自的工作，保证学校教育工作取得良好成绩。

（2）期中考试后

主要是向学生家长汇报前一阶段教育工作计划落实的情况，学生各方面的成绩和表现，前一阶段出现的教育问题，学生的动态，讨论更好地实现下阶段教育任务的途径。还可以就个别学生的问题和家庭教育中存在的问题展开讨论，寻求对策。

（3）学期结束前

主要是向学生家长汇报本学期学校教育工作完成情况、所取得的成绩、教改的成果；学生本学期各方面的情况和存在的问题，个别学生的问题；在假期里学生家长如何协助学校搞好学生的假期生活，既能愉快地度过假期，又不至于忘记学习。

（三）家长会召开

1. 先前准备

（1）以书信方式通知家长参加家长会的时间和地点。

（2）确定教室环境看起来是干净、清爽的且能吸引人。班主任可将自己姓名、班级名称以醒目形式写在门口及前面黑板上，教室内可同时展示学生成果样品、教学资源或相关教学材料。

（3）给家长提供必备的文具或材料，如纸、笔、尺等。

（4）为学生家长准备个别签名同意单，此同意单主要就学生私人问题咨询或进一步会议之用，或自愿参与班上特殊活动同意回条，如户外教学、协助教师班级管理、帮忙教室布置或提供班级相关教学资源等。

（5）在学生座位上贴上学生姓名标签，让家长坐于学生座位上，体会课堂上课情形，教师言语要能让全体家长清晰地听到。

（6）教师要有计划的以统一周详、明确的表达方式描述问题所在，让家长了解到他们希望了解到的信息。会议的后半段，要预留问题讨论、双向沟通的时间等。

（7）会议所需传递的信息应有次序的放置、装订，以提供家长参考，会议信息内容应准备齐全。

2. 会议实施

家长会实施的具体步骤：

（1）到教室门口欢迎家长的到来。

（2）指出学生位置，让家长依学生座位入座。

（3）根据事前准备的会议资料内容，简洁地介绍班级各方面的情况和学生在校整体的表现。

（4）会议资料多准备几份，至少让参加的家长每人一份。

案例 3－1　　　　　　**让学生从后台走出来**

学生可不可以主持家长会？我刚开始尝试的时候，有老师笑我异想天开。他们还教训我说："家长会之所以叫家长会，就是老师召集家长开的会议。由学生来主持，那叫什么家长会啊？"

我就不相信学生不能够主持家长会。德国一些学校开家长会的时候，学生、家长一起参加。而且，开家长会时并不只讲学生学习成绩，还搞一些活动，如亲子活动、游戏等，只要有利于孩子成长。我为什么就不能够把家长会变一变呢？

主意打定之后，我就把班委找来。他们从来没有主持过家长会，一听说由他们来主持家长会，个个都很兴奋。于是，我们一起商量家长会要做些什么。

首先是会议提纲。尽管交给学生主持了，会议要做哪些事情，班主任还是应当知道。于是，我要求他们两天内把提纲给我。孩子们很快就搞出来了。我一看，哦，真好！平时在开会之前，我要反复思考的问题，这上面都有了！如这次开会的目的有哪些，该向家长汇报些什么情况，哪些事情适合在公开场合说，哪些必须个别交谈等等。更重要的是，他们还安排了文艺节目，他们说要给家长们一个意外的惊喜！

我提了一点要求：在向家长介绍情况时，要做到既力求全面，又重点突出；既讲成绩，又谈不足；既有事例分析，又有理论阐述。对家长既有鼓励，又有要求；既有商讨，又要指导。他们认真地接受了我的建议。

提纲第二次交上来的时候，他们连会议程序和人员分工都安排好了。如会议程序的第一项"家长报到"，由当天的值日班长担任接待组组长，有组员六个，其中两个学生负责家长签到，两个学生负责为家长引座，值日班长与另外两个同学负责茶水工作等等。

学生主持的家长会如期召开了。先由班长向家长介绍这一学期的学校要求、本班的情况，着重讲同学们中间涌现出来的好人好事；接着讲班级和同学们身上存在的不足之处和不良倾向；最后提出今后打算、措施及对家长的希望与要求。小家伙讲得头头是道，家长们连连点头。然后，根据他们事先的安排，两个学生代表发言，四个家长代表介绍家教经验。讲话的程序结束后，分发了调查表，征求家长对学校和班级工作的意见。最后一个程序是请家长欣赏自编自演反映学生生活学习的文艺节目。我暗中调查了一下，发现每个学生都参加了家长会议，人人都有事做。会议还没有散，就有家长对我说：这样的家长会好，他们愿意参加。

家长会一结束，我安排了与个别家长的谈话，都是预约有事交谈和必须沟通情况的家长。整个家长会用了两小时十二分钟，效果出奇的好。看来，开家长会，就是要让学生从后台走出来。

家长学校

（一）什么是家长学校

家长学校是学校为了把家庭教育的正确指导思想、科学知识和方法传授给家长，促使家教科学化，由学校举办的，班主任、年级组长或教导处组织的，学生家长参加的学习和研究家庭教育的机构，是学校同家庭密切联系的重要形式。

家长学校的主要任务是有针对性地、系统地对家长讲授正确的教育理论、思想、家庭教育的规律、原则和方法，让学生家长了解学生的年龄特征和心理发展规律，开展家庭教育问题的专题研究，如独生子女教育问题，中学生择业问题等。

家长学校可请全班学生家长参加，也可按学生类型或按家长类型请部分家长参加；可以短期集中进行，也可以分散在一学期中活动数次，这些都要根据班级学生实际情况和家长实际情况而定。班主任利用家长学校，可以较系统地宣传教育思想和方法，进行家庭教育知识讲座，请优秀家长介绍教育子女的经验等。家长学校在指导家庭教育方面比家长会、家访等更具有计划性、系统性，深受家长的欢迎。

（二）家长学校工作的落实

家长学校要顺利举行，必须配齐硬件设施，充分做到"四落实"。

（1）学制与班级的落实。家长学校学制以一年为宜，从秋季开学至次年夏季结束。学员宜按子女就读班级编班学习。

（2）招生对象的落实。学员主要是学生父母及其监护人，学员入学应登记造册并颁发学员证和听课卡。

（3）教学计划的落实。家长学校应为学员学习提供固定的教学场地，制作校牌和标志。与此同时，应该制订详细的教学计划，在开班时一次将学习内容与教材下发学员。

（4）辅导教材、教师的落实。家长学校应以家长为主体，通盘考虑，选择适宜的教材，采取双向互动、平等交流等灵活多样的教学方式进行教学。在此基础上，学校应建立一支具有较高业务素质、德才兼备的辅导教师队伍，以保证教学活动的开展。

（三）家长学校主要活动形式

家长学校的活动形式可以多样，力求形成教育合力。具体有以下几种活动形式。

（1）开展专题讲座与知识座谈相结合，授课班级应以专题讲座的形式，系统、全面地向家长讲授"家庭教育的重要性"、"新环境、新对策"以及"社区文化氛围的建设"等家教知识，提高家长素质。

案例 3-2　　　**家长学校开展的青春期健康教育**

2005 年 12 月 21 日晚，上海某学校特邀国际妇婴保健院的李天琼医

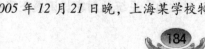

师，给全年级的家长作题为"父母应该帮助青春期孩子在人生中寻找自我"的报告会。

青春期教育不是孤立的，而是未成年人成长过程中不能回避的问题，理所应当被看做成长教育的有机组成部分。而在此过程中，家长扮演的角色尤为重要，孩子的青春期问题很大程度上根源在家长。因此，要想让孩子顺利地度过青春期，家长首先要补上青春期教育这一课。

李医师指出：渴望、徘徊、孤独、热情、活泼、敏捷等诸多特点的矛盾交织，把青少年推向了人生的十字路口。对于孩子的青春期教育，很多家长要么抱着无师自通的态度——那些知识不讲也知道，要么采取鸵鸟政策——长大了自然就懂了，要么采取比较严厉的态度——发现苗头立即制止。凡是轻视孩子，不尊重孩子的所感所想，都会影响孩子的心理。家长关心孩子，需要在一个宽松而温和的环境下互动。青春期教育不是简单的性教育，它是关于人生观的教育。

会上，李医师从注意坐、行、睡等姿势，早餐和晚餐的重要性，性格的培养，健康的身体，学会感恩，学会回报，接受挫折，生殖器官的保护，走近异性等几个方面作了讲解，贴近生活地帮助家长们了解青春期孩子的生理和心理特点。

听了李医师的报告，很多家长表示："现在孩子正在悄悄地发生变化，我们家长又缺少沟通的方法，所以组织这样的家长学校，我们很欢迎。这说明学校对学生的关心是全面的、负责的。"

（2）定期举办家教经验交流会。选择以学生、家长、教师为成员的机构组成，倾听家长典型发言，互换家教经验与意见，针对存在的问题进行重点研讨与商榷，达成共识。

案例3-3　　　　　　"三方"会谈

这是南京某外国语学校探索出来的一种新型的家长会形式，"三方"指的是学生、家长和老师。"三方"会谈之前，可先进行家长与老师之间的"双方"会谈。"双方"会谈时，互通孩子在家、在校的表现，分析孩子的长处与不足，共商帮助孩子发展的措施。

"三方"会谈必须本着平等、友好、宽松的原则。会谈时，先由老师对孩子身上的优点充分地给予肯定，然后给孩子提一些能接受且能达到的建议；接着，让孩子自由地发表自己的想法，包括对学校和老师的意见；然后请家长谈谈对孩子的期望和要求，以及对学校和老师的建议。三方坐在一起，面对面平等地、坦诚地交换意见，交流想法。

"三方"会谈的独特之处在于：经过会谈，学生在受到鼓励的同时，明确了自己下一步该怎么做；家长在不知不觉中提高了家教水平，明确了如何与老师合作，指导和督促孩子达到目标；老师则明确了如何帮助孩子，以及如何与家长密切合作。"三方"会谈的效果显著，两位家长在会谈后发来了这样的反馈留言：

小叶的家长：真的很感谢您！说实话，我是因为不满意原来学校的教育方式和教育理念，所以坚持给他换个环境。其实，我的心里也在打鼓，因为好的学校如果遇不到好的老师也是枉然。通过这段时间所看到、听到、感受到的，我终于放下了心。我庆幸自己的选择，不仅为孩子遇到好老师而欣慰，而且为我们家长遇到好的指路人而高兴，更为我们有这么好的集体而自豪！孩子在这么好的教育环境中，没有理由不变得更好。我衷心地感谢您，希望能经常得到您的指点。

小雨的家长：老师，你好！经过上次"三方"谈话，我们感到小雨的变化很大。在家时，她能自己按制订的计划写作业、弹古筝、看书、玩，吃饭速度也加快了。最近，她每周能主动给我打 1~2 次电话，说自己在课堂上发言积极多了，与同学们能友好相处。我感到她的精神状态不错，人也快乐。上次，她妈妈的脚不太舒服，她在电话中也能主动关心。我一个人在外地工作，偶尔吃吃盒饭，她今天在电话中对我说：老师在课堂上讲的，泡沫餐盒对人体有害，要我少吃。这些都说明她会关心人了，我和她妈妈都十分感动，同时也对你表示深深的感谢。

(3) 建立家长接待日制度。设立专门接待时间与地点，可以通过面谈、电话询访或书信往来，回答问题，介绍情况，相互沟通。

(4) 每年举办联欢型展览式汇报会。如邀请家长与孩子同台演出，参观学生优秀书画、小制作展览，共赏优秀节目，陶冶情操。通过联欢与汇报，向家长展示孩子的学习成果。

案例 3-4 　　　　　　　　**别开生面的家长会**

每个学校都要开家长会，但四川省绵阳市某中学的家长会却开得不一样。

镜头一：舞台上，学生们正在表演文艺节目，歌舞、相声、快板、诗朗诵、舞台剧等节目精彩纷呈。操场边，学生美术、书法、电子作品、优质作业展也令人目不暇接，这是学校正在进行的教育成果展示活动，也是家长会的重要内容。

镜头二：咦，这不是初二（4）班吗？家长会怎么在操场上开？孩子们又是唱歌，又是跳舞，又是做操，又是演讲……原来，这是班主任韩老师带领同学们向家长展示各自的特长。看着孩子们的成长，家长们满面春风。

镜头三：初二（12）班的教室里，班主任魏老师如数家珍，正在细说孩子们的特长和进步。每个家长手里都拿着一本资料，是成绩单吗？不是。那是魏老师为家长们撰写的7000余字的家庭教育文章。

镜头四："家长的孩子，老师的学生，共同的希望"，初一（2）班的教室黑板上，几个大大的美术字点明了本次家长会的主题。家长代表发言，交流了教育孩子的经验，感谢学校和老师对孩子的教育。学生代表发言："我们选择了富乐中学，我们的选择是正确的。有爱严结合的老师教育我们，有管理员叔叔阿姨精心呵护我们，我们在富中的摇篮里愉快地学习，健康地成长。"班主任谢明秀老师推行赏识教育，努力发现学生的闪光点，班上每个学生都受到了老师的表扬。

镜头五：初一（4）班的教室黑板上，一个大大的心形图案，两只大手紧紧地握在一起，寓意"老师和家长手牵手，心连心，共筑孩子成长之路"，这是班主任陈国清老师的创意。家长会上，孩子们以"夸夸咱们班"为题进行了演讲，又以"颂父母"为主题进行了诗朗诵。

（5）开展研究调查与家长评议活动。问卷调查和家长评议会，以学校班级工作、家庭教育中存在的问题为出发点，广泛征求各种意见和建议，以达到家校共建，互评互议，扬长避短，共同改进的目的。

组建家长委员会

家长委员会是指学校领导、班主任组织的，由学生家长组成的指导家庭教育并协调学校教育与家庭教育的关系，充分调动家庭教育力量的群众性组织，是学校教育同家庭教育保持密切联系的纽带。

（一）家长委员会的职责

成立家长委员会是推动家长工作的一种形式。家长委员会的成员一般由学生家长推举产生，也可以由学校或班主任物色推荐候选人，经学生家长选举或协商产生，能够代表家长的共同意愿。家长委员会的成员不宜过多，人选应该关心教育事业，有一定的教育能力和经验，能够且愿意为学生家长服务。学校领导和班主任是家长委员会的组织者，还要从家长委员中选择有组织能力、协调能力的学生家长参与管理。家长委员会的主要职责是：

（1）发挥桥梁作用，协助班主任做好家长工作，及时向班主任反映家长的意见和要求。

（2）做好参谋工作，能为改进班级各方面教育工作出谋划策，协助班主任管理好学生，以帮助教师培养学生的社会责任感和学习的自觉性、积极性。

（3）协助学校或班主任搞好校外各项教育工作。

（4）协助家长做好家庭教育工作，提高家长的家教能力。

（5）协助学校教改工作，为教改献计献策，帮助学校取得社会各方面的支持。

（二）班级家长委员会的组织

班级家长委员会的组织，班主任可以实现了解班级家长的基本资料，通过各种家长会的举办，详细地向家长说明家长委员会对班级经营的重要性，以及对子女在学校生活的影响。班级家长委员会的组织可以考虑以下要点与程序：

1. 运用学校日

班主任成立班级家长委员会之前，应该先搜集有关家长委员会的组织、功能、规章等相关资料。先熟悉班级家长委员会的运作和功能后，可以运用"学校日"、家长参观日或者家长会时间，向班级家长作详细的说明，以避免家长对班级家长委员会功能的误解。如果需要的话，班主任可以先将相关的资料寄给家长作参考。

2. 发开会通知单

此外，班主任还可以设计一份比较温馨的开会通知单，请学生回家之后转达。在通知单发出之后，班主任也可以考虑用电话或其他形式通知家长出席班级家长会。

3. 进行工作分配

班主任在向家长说明家长委员会的功能之后，可以由家长相互推选的方式，进行班级家长委员会的工作分配。在工作分配之前，教师应该向家长说明各个工作的内容，并且将家长分成下列几个小组，如会长、副会长，总务组、活动组、文书组、联络组、餐点组等。各组人员的编派可以考虑家长的职业背景以及担任工作的意愿，让每位家长都可以为班级事务出力。

4. 举办各项家长活动

班级家长委员会成立之后，班主任可以指导家长拟定各种属于班级的活动计划。例如，读书会、家长联谊活动、组织义工妈妈、亲师联谊会、校外联谊等，通过活动的进行，增进家长与教师之间的感情。家长活动的进行不限于校内，可以到校外举办各种参观联谊活动，来增加教师与家长的见闻，同时联络感情。

5. 家长委员会正式运作

家长委员会的运作除了在选择时必须符合程序之外，它的正式运作也应该循着正式的程序，将各个家长委员会的开会会议记录、会议决议等形成书面材料，作为日后执行的参考。

通讯联系工作

通讯联系是班主任、学校同学生家长保持联系的一种行之有效、简单易行的方法，它不但可以把学校或班级各方面的情况，学生在校的各种表现及时准确地通报给家长，还可以通过家长的回文，及时了解学生在家的各方面表现，学生的社会交往情况等。通讯联系主要有以下几种方式：

（一）家校联系本式

《家校联系本》是班主任为每位学生建立的学生在校档案和在家表现情况简介。班主任把学生在校各方面表现，如学习成绩、行为表现、成绩升降、特殊情况等记录下来，积累素材，分析学生的发展趋势，并对家长提出要求。学生家长通过阅读，就可以了解子女在校情况，并根据要求如实填写子女在家时的各种表现，如学习习惯、生活习惯、是否从事家务劳动等等。同时也可以对学校或班主任提出意见和要求，这样就形成了学校、班主任与家长双方密切配合，把双方的教育力量都作用于受教育者本人，促进受教育者健康成长。

（二）通信联系式

这是指班主任通过信件的形式同学生家长交换意见，统一认识，是协调学校教育同家庭教育关系的简便、及时而有效的手段之一。它往往适用于班主任无法及时家访，但又不得不同家长联系这样的情况。此外，有的学生家长确实公务繁忙，无法同班主任直接联系，也可以采用这种方法。对于那些通过直接家访可能引起矛盾的，可先通过这种书信联系的方法进行，这也为以后直接的家访做了准备。

班主任在给家长写信时，要注意礼貌用语，字迹要清楚工整，表达要清晰、简练并注意逻辑，语气要诚恳，不要写成"告状信"或"讨伐信"。在直接家访中应注意的问题，应用信件的形式也应注意而绝非无所顾忌。这样才能既反映实情，取得家长的积极配合，又不会伤害学生家长、学生本人。

（三）电话联系式

电话联系功能与前述几种使用方法一样，不过其效果更为快速与简易。班主任以电话形式与父母讨论学生不当行为时，事先要有复案，并注意表达的态度。应以关切及问候话语作为开端，然后适时地切入问题所在，适时地表达问题关键。之后，班主任可以表达自己正采取的相关活动与协助处理学生行为的辅导策略。如此传达方式，可有效的获得家长认同与支持。

在电话联系方面，教师所要表现的应该是诚心关爱学生、真正想为学生解决问题，并向父母解释须配合的事项。在电话结束前，要让父母明确知道教师有能力且有信心解决学生的问题，并会再与家长进一步接触。

（四）成果报告式

1. 将学生成果样品寄送回家

班主任可将学生进步情形及已完成并评定成绩的作品成果，同时教师对学生的作品加注适当的意见及评语，以不同方式传达给家长。父母通过学生成果样品，得知教师教学活动、学生学习情形等。

学生成果样品包括考试或测验结果、家庭作业情形、实验室报告、计划研拟、实作样品及艺术作品等。在实施上，班主任要注意在样品报告上所写的评语，应多使用积极有建设性的词句，指出需要学生改善注意之处，不应或避免作过多负向评述，以激发学生学习动机与进一步学习的信心。

2. 成果报告卡

报告卡内容除学生行为及学习进步情况外，也包括了学生努力、群育表现结果。此法与便函、信函、电话联系一样，不能只是描述学生负向表现，更应重视其积极正向行为的描述。

（五）网络家庭联络簿式

由于近年来资讯的快速发展，有些学校已经发展"网络联络簿"以强化家庭联络的功能，或有部分学校要求教师必须规划班级网页，将班级生活中的各种重要信息，在班级网页中登录，家长可以通过班级网页了解子女在学校的各种动态。

网络家庭联络簿除具备传统家校联系本的功能外，也具有网络学习的特性，动态、多元、双向、丰富的学习情境也蕴含其中。

网络家庭联络簿的实施，是时代潮流所趋，班主任应以"评析"心理接纳它，而不应以排斥心理抗拒它。所谓评析心理，在于教师能理智评估相关配套措施是否完备，实施时机是否成熟，相关的配套措施如班级网络学习环境是否完善，家长人力资源是否足够，学生家庭上网比例等。

社会在变，学生在变，整个教育情境也在变，教师如果不能适应信息社会的变革，将无法扮演好新时代教师的角色。网络家庭联络簿的实施对于教师教学技能的提升、高教学效率目标的追求，均有实质正面的效益，尤其是在亲师沟通、师生沟通方面，提供了另一种有效的渠道，此渠道不受时空限制，与传统沟通模式相比更有弹性、更有效率、更具有时效性。

社会教育资源的整合

社区教育委员会的依托

社区教育委员会是在当地政府领导下，由学校、家庭、社会团体、企事业单位、部队等单位组成，旨在发挥教育导向作用，整合社区教育力量，创设有利于青少年成长的社会环境。社区委员会的任务很多，包括宣传教育方针政策，共商办好社区学校事宜，坚持社区、学校双向服务，共创"两个文明"等。虽然社区教育委员会的工作并非指向某个班级，但是班主任可以主动参与其中，并邀请他们参加班级的教育活动。例如邀请社区委员会中的学生家长代表或社会团体的成员参加本班的某些活动，邀请社区范围内的专家、学者、先进工作者为学生做报告，或聘请他们为校外辅导员。温岑某中学引入社会力量开展班级活动的做法值得借鉴。

案例3-5

为了开展社会适应性教育，我们邀请了中外合资企业的管理人员、外籍员工与学生见面、交流，以促使学生自我激励情绪的发展。在友好的、受尊敬的气氛中，被邀请的宾客愉快地讲述他们的工作环境、生活方式和学习特点。外籍员工用英语夹杂着半生不熟的汉语与学生交谈，激起了学生的兴趣，学生争相用英语并打着手势，向他们发问或解答问题。

该活动打破了学校与社会之间的屏障，拉近了学生与社会的距离。通过与社会人士的接触，在一定程度上促进了学生的社会化。

校外教育基地的建立

为了有效地发挥社会各单位的积极教育作用，使学生的校外生活健康而愉快，班主任可以主动协助学校与社区教育委员会，与各有关社会单位共建校外教育基地。荆州市在这方面作了尝试，取得了良好的效果。

案例3-6

荆州市某中学与社区内某局共建"关心下一代工作组"，由该局党委书记亲自任组长。他们以初二（5）班为社区教育联系点，班主任亲自挂帅，开展了丰富多彩的素质教育活动，如"一帮二交朋友"活动、"五个一"活动，即一学期订一次帮助提高计划，一学期一次"四心合一"座谈会，一月一次学校、家长、工作组成员联系会，一周最少和转化对象见面一次，一周朋友之间互谈一次等等。该工作组被评为教委社区教育先进单位，他们为中学生的素质教育立下了汗马功劳。实践证明，学校、社会共建校外教育基地，是学校素质教育的深化与强化。

青少年校外活动场所是校外教育基地的重要组成部分，是促进青少年全面发展的实践课堂，是教育广大青少年的活动平台。它在培养青少年的创新精神和实践能力、引导和服务青少年健康成长等方面具有重要的作用。

案例3-7

浙江省制订了青少年学生校外活动场所建设与发展"十一五"规划。规划范围涉及三类公益性青少年学生校外活动场所：直接为青少年学生提供公共服务的校外专门活动场所，包括青少年活动中心、少年宫、校外素质教育（实践）基地等；综合利用现有场所，为青少年学生提供就近就便教育服务的校外日常活动场所，包括农村乡镇、城市街道的青少年宫，青少年之家等；利用场馆优势，为青少年学生提供教育服务的校外专项教育活动场所，包括爱国主义教育基地、博物馆、科技馆、青少年科技活动中心、妇女儿童活动中心，以及利用景区资源开展公益性教育活动等。

建立校外教育基地，为班主任工作提供了新的生长点。如何使用这些社会资源对学生进行教育，成为摆在班主任面前的新问题。班主任应该确定相应的目标，选择性地使用这些校外活动场所，努力发挥校外教育资源在培养青少年一代中的作用。

班级教育合力的形成

　　家庭教育、学校教育和社会教育在学生的一生中发挥着不同的作用。家庭教育是学生启蒙教育的摇篮，学校教育在学生的成长中起着主导作用，而社会教育的影响则最为广泛。这三者互相联系，不可分割，不可代替。因此，协调这三方面的力量，使之形成合力，是班主任的重要职责。

班级教育合力内涵

　　所谓班级教育合力，就是为实现班级教育目标，在班主任的指导下，以班级为基础，协调各方面教育影响形成的整合一致的教育力量。班级教育合力的提法，得益于系统论的观点。学校、家庭、社会作为教育系统的有机组成部分，是青少年生活的整个环境。这三个方面以不同的空间形式占据了青少年的整个生活，青少年的健康成长离不开这三个方面的教育。只有使这三个方面在教育方向（教育方针、培养目标）上保持一致，形成合力，才能发挥教育的整体效应，从而获得最佳的教育效果。如果三者的方向各异，则各自的作用就会相互抵消，甚至产生负效应。需要指出的是，形成教育合力并不是将三个方面简单地相加，而是互相补充、协同合作，发挥各自的优势，争取最佳的教育效果。

班级教育合力的种类

　　如果从学校教育与校外教育两个方面划分，一般可以分为：学校主导的班级教育合力、社区主导的班级教育合力以及家庭主导的班级教育合力。

（一）学校主导

　　学校是班级教育合力的主导性因素，以学校为主导的班级教育合力是整个合力教育的主体。学校教育在时间和空间上都占有优势，因此学校可以通过开展各种活动对学生进行教育，在此过程中充分挖掘和利用社会、家庭的教育资源，同时尽可能地使之参与其中，配合学校教育的开展。班主任可以与一些固定的单位联系，与之形成合作伙伴关系，共同对学生进行教育。

（二）社区主导

社区作为一种教育资源亦备受重视，然而其规模尚未完全形成，诸如图书馆、博物馆、体育馆、青少年活动中心等设施还未健全。在这里，社区主导有两层含义：一层是通过社区教育委员会倡导，学校及班级主动响应并积极参与，如学校组织参与社会开展的诚信宣传活动；另一层是以社区教育委员会为组织形式，以社区生活为主要基地，以社区服务性公益活动为基础，开展各种形式的教育活动，如社区服务、社区建设等。在未成年人思想道德建设创新中，社区承担了重要的教育作用。如某市街道办事处在未成年人中开展"社区小楼长"活动，他们与"小楼长"一起制订工作制度，开展法律知识学习、书画展、小型运动会、帮助孤寡老人、读好书看好电影、社区环境大清洁等活动，找到了家庭、学校、社区三位一体的教育结合点。

作为班主任，应主动与社区联系，担任社区教育顾问，一方面结合中小学生特点开展喜闻乐见的活动；另一方面，针对学生容易出现的问题，以社区为主阵地开展针对性的指导。这样，班主任以参与者、教育者结合的角色拉近与学生的距离，增进彼此的理解，增强教育效果，从而延伸教育平台，构建家庭—学校—社会"三位一体"教育体系，形成大教育格局。

班级教育合力的模式

（一）"以校为本"

所谓"以校为本"的模式，就是指根据每所学校本身的特性和需要制订合作的形式和层次。如果把学校设想为一个轮子的轴心，有许多辐条以家校合作的项目、资源、家庭中心和其他支持系统的形式，向学校所在社会的各家庭辐射。为了有效地推行"以校为本"的模式，班主任可以参照如下的实施步骤：

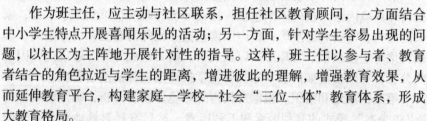

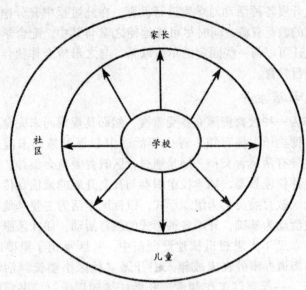

"以校为本"模式

第一，校内外环境分析。在具体推行这一模式前，班主任要分析学校内外环境因素。校外因素包括：社会环境，政府政策和办学宗旨，家长的能力、需要和态度等；校内因素包括：教师的态度和交际能力、学校文化、学校政策、管理形式以及人力、财力组成等等。通过这些因素的分析，可以确定如何引导家长参与学校活动或提高活动层次。

第二，策划和组织。根据对校内外环境因素的分析，确定学校推行"以校为本"模式的有利因素和不利因素，然后有针对性地制订合作的目标和政策。

第三，分工和指导。制订计划后，为确保这些计划能够顺利地进行，必须进行合理分工。班主任作为主要负责人，要发挥其他教师的作用，使他们积极参与到活动中来。

第四，执行。在此阶段，班主任要确保活动能得到社区和家长的有效支持，如活动场地的安排、所需经费的筹措等。

第五，评估。本阶段是对前面过程的检验和评价，目的是衡量活动的目标是否切合实际、班主任和教师是否有效地执行各项政策，并对活动各阶段及时作出反馈，从而改进不足，使有关措施得以调节和控制。

"以校为本"的模式是一个不断循环的过程，见下图。

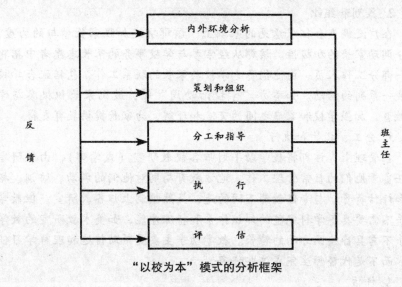

"以校为本"模式的分析框架

案例3-8　　　家长担任"教学助手"

这里是"以校为本"模式的一个实施案例。这是英国家长担任"教学助手"的实施过程，其具体做法是：

1. 内外环境分析

赫里福郡位于英格兰西部，辖区内大部分是偏僻的农村。这里，传统的低技术含量的农业经济面临城镇化的挑战，农民失业人数日益增多，加之交通不便，人均收入较低。教育上突出的问题是：学生出勤率低，厌学、逃学现象严重，部分中学的出勤率仅为80%左右；学生参加校外活动的机会少，图书室、体育设施和其他服务设施的利用率低；各学段学生达标率低。该地区学校管理层在调查中发现，学生学业表现不佳的另一个重要原因是师资短缺，教师的工作负担过重。

调查反映，家长参与教育的愿望迫切，一些家长希望能帮助孩子提高学业成绩，使孩子在校的表现更好。为了支持和帮助孩子学习，家长要求参加包括课程辅导、家庭教育信息及联合开展活动方面的培训与教育；还有一些家长希望加强与学校教师的交流，更多地了解孩子的学习进展，同时希望获得关于家庭危机的帮助和建议；也有一些家长认识到教师负担过重，学校需要在这些方面提供支持。

2. 策划和组织

在广泛调查和征求意见的基础上，该郡决定加强家长参与的力度，充分调动家长的积极性。该郡从经常参与学校事务的家长志愿者中招聘了一部分工作人员，由他们负责学校与家长的联系工作，包括配合学校开展一系列的活动。如举办"学校活动周"等，鼓励家长积极参与学校教育，加强学校和家庭之间的交流和理解，为家长提供教育支持。

3. 分工、指导和执行

在管理上，该郡将教学助手划归各校教研室（或学部），由教研室主任负责他们的日常管理工作，地方教育局则对他们的调动、培训、招聘和评估负责。与专任教师不同的是，虽然编制上归各教研室，但教学助手不需要具备学科完整的知识体系和特殊才能，如美术教研室的教学助手不需具备绘画方面的特长。教学助手主要是帮助传达和理解学习任务，而不是代替师生完成这些任务。

4. 评估

"教学助手"的实施，对学校、教师和学生产生了重要的影响。早在1999年，该活动开始后仅仅一年，学校质量司（OFSTED）在对该地区进行调查时就指出：家长担任教学助手极好地支持了所有学生的学习，他们的工作为学生的成长和学业进步作出了巨大的贡献。在全国性会议上，家长担任教学助手的方案同样备受关注，赫里福郡编写的《教学助手人员手册》在许多学校被采用。2002年10月18日，《泰晤士报教育增刊》披露，英国政府将为每个教师配备助手，到2006年为学校增加5万名助手，最终的目标是把教学支持人员的数量增加到与教师数量相等。

家长担任"教学助手"作为家长参与学校的一种途径，有利于发挥家长的智慧，培养他们教育子女的使命感和责任感，也有利于家长对学校的监督、参与和评价。

（二）"以家为本"

相对于"以校为本"的模式而言，"以家为本"的模式比较复杂。家庭的构成、经济状况、周围环境不同，家长的受教育程度、职业、教养方式不同等，都会影响到"以家为本"模式的实施。所谓"以家为

"本"的模式，就是指以家庭为中心，根据每个家庭的特性和需要制订合作的形式和层次，因家而异。设想你的家庭是一个轮子的轴心，有许多辐条以家校合作或社会与家庭合作项目、资源、家长教育人员和其他支持系统的形式，向家庭聚拢，见下图。

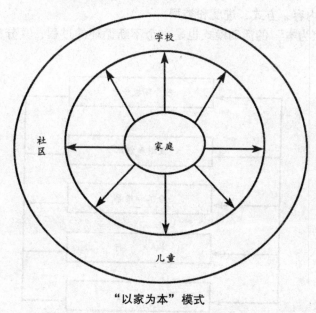

"以家为本"模式

推行"以家为本"的模式，可以参照"以校为本"模式的分析框架，步骤如下：

第一，家庭内外环境分析。对家庭内外环境分析就是熟悉和了解每个家庭，这是制订班主任"以家为本"活动计划的首要环节。家庭内部环境因素包括：家长的受教育程度、教育素养、健康状况、年龄、职业、兴趣、需求、特长、家庭的构成、经济状况，以及儿童的年龄、健康状况、智力水平、兴趣爱好等。家庭外部环境因素主要包括：亲戚邻里、社区的自然和文化环境等。

第二，策划和组织。通过对家庭内外环境的分析，班主任可以确定哪些因素是有利的，哪些因素是不利的，然后对它们加以利用或纠正。

第三，分工和指导。"以家为本"是学校或社区指导，由专职工作人员推行，班主任也要参与其中的一项活动。首先，由学校和社区进行合理分工，明确职责；其次，由班主任对他们进行一定的培训。

第四，执行。由班主任按活动计划对家长进行指导和培训，控制活动进度和类型。活动的地点可以在社区，也可以在学校。

第五，评估和反馈。班主任要对每次活动作出评估，从而有效地调整活动的内容、方式、进度和类型。

"以家为本"的活动模式也是一个不断循环的过程，其分析框架如下图所示。

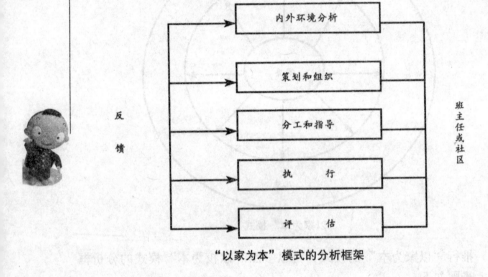

"以家为本"模式的分析框架